ここから始まる
コミュニケーションの世界

Play freely（小学生）

人を大切にする心が・・・

コミュニケーションの質を決める

楠山 正典著

Sharing is caring

はじめに

誰一人として、人間は、一人では生きていけない。支えたり、支えられながら生きている。

そこで、コミュニケーション、すなわち、人とつながる力が重要となる。

その目的は、多様多彩な人々とのコミュニケーションを通して、人生を楽しむことに加えて、自他共に成長し、社会を豊かにすることにある。

現在、非正規雇用の増加などに伴う雇用環境の不安定さに、新型コロナ、気候変動問題なども加わり、閉塞感と孤立感が深まっている。そうした中、次のような問題で悩んでいる人が少なくない。

- 相談する相手が身近にいない。例えば、不登校児童の三人に一人は、誰とも相談していないとのアンケート結果もある。相談できた人の多くも、納得のいく相談ができなかったのではないかと心配する。
- 対等で友好的な会話が成立しない。例えば、上司などとの会話において、こちらの話を真摯に聞かないだけでなく、地位を背景に対等な関係ではないケースも多い。

- 求められる距離感・親密度は、相手により異なる。
- 親子・夫婦など距離が近いと、道理より「感情」が優先される。

このような課題は、いくらコミュニケーション技法を学んだとしても解決できるとは思えない。

あるいは、争いを避けて黙っていたのでは、事態は悪化するだけかもしれない。

そこで、これらの課題に向き合うために、以下のコンセプトで書き綴った。

- 相手の考えを変えようとか、道理を説明するとかは、問題の解決につながらない。まず、相手を認めることから始める。
- 何か理想的なコミュニケーションなどは存在しない。人間一人ひとりの個性が違うように、コミュニケーションが多様であることが、そのコミュニティの豊かさを支えている。自分らしく振る舞うことが魅力的な人間になる近道だ。

- どんな人間にも、未熟さや欠点はある。それを気にすることと、他者の欠点を指摘することほど、無益《むえき》なことはない。なお、個人がもつ弱点は、コミュニティの中で補《おぎな》い合うことになる。
- 怒りモードに入ることなく、常に友好モードを維持するために「人を大切にする心」を土台とする。
- そして「相手を理解する力」と「自分を表現する力」を磨く。

いずれにせよ、人を大切にする心が…

君のコミュニケーションの質を決める。

2023年1月　楠山 正典

CONTENTS

プロローグ

何を学ぶのか

世の中を冷静に観察すると、個人の能力や努力よりも、その人がもつ人間関係の質が、その人の幸福度を決めているように思える。

では、その人間関係の質を決めているものは何か。

それこそ、広い意味でのコミュニケーションの質にほかならない。

ところで、世の中には、コミュニケーションに関する本が数多く出版されている。それらは、体験に基づくノウハウが分かりやすく解説されていて、実用的な内容となっている。

しかし、中高生向けに、コミュニケーションを網羅的、体系的、根源的に説明しているものは少なかった。

そこで、君たちが自信をもって生きていけるために、コミュニケーションを根源的に明らかにすることに挑戦する。

その思索の旅は、コミュニケーションを次の4つの視点から考えることから始まる。

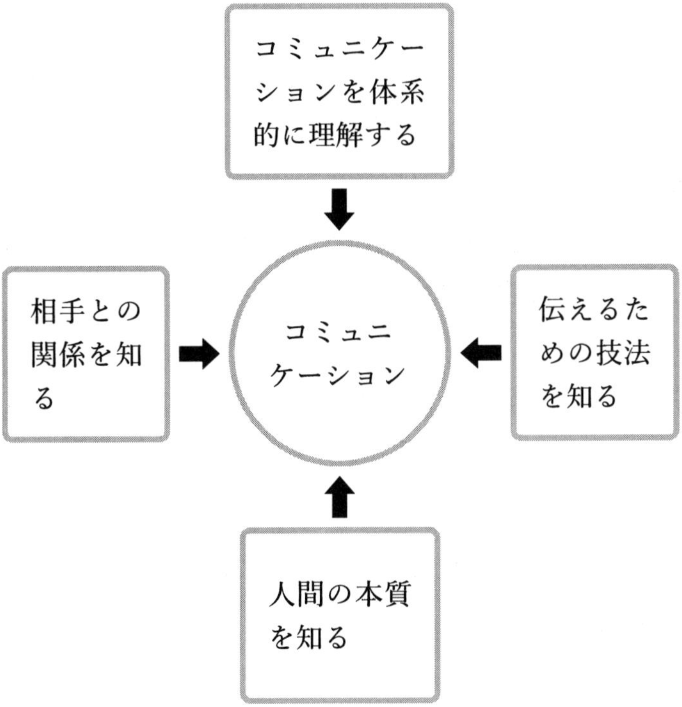

▶「コミュニケーションを体系的に理解する」では…

コミュニケーションを根源的に理解するために、あえて、植物のコミュニケーションに注目した。

考えると、微生物であろうと、植物であろうと、環境や仲間とのコミュニケーションがとれなければ、生き延びることができない。

そして、地球上のバイオマス（生物の総重量）のうち、多細胞生物の99%以上を植物が占めている。

そこで、植物が繁栄した秘密、すなわち、独自に進化した植物のコミュニケーション手段を探求することにする。

次に、人類発展の原動力となった言語と文字について、その理解を深める。

◆ 言語の獲得により、頭の中にある「考え」「価値観」「知識」などを言語に変換することが可能となる。

◆ 文字の発明により、知識やノウハウなどの集約が可能となり、生活・文化・技術のレベルが向上する。

その次に、コミュニケーションの構成要素を、次の3つに分解して、その内容を体系的に理解する。

◆ コミュニケーションの基盤である「コミュニティとの関わり方」。
◆ 意見の異なる相手に対しても、友好モードを維持するための「コミュニケーションの心構え」。
◆ 観察力、傾聴力、相手に共感する力などの「コミュニケーションの基礎的な能力」。

▶「人間の本質を知る」では…

コミュニケーションは、人間を中心に展開される。この人間を深く知ることが、君の中に、ゆるぎないコミュニケーションの土台をつくることになる。

そのために、次の視点から、人間の本質を探究する。

◆ 他者と共に生きる存在
◆ 生きる意味を考える存在
◆ 感情を大切にする存在

次に、微生物であれ、植物であれ、動物であれ、人間を含めて、生態系の基本は、自利行動にあると考える。

生き物にとって他者は、互いに依存関係にあると同時に競争相手でもある。

これら無数の自利的な営みを巨視的に捉えると、その共存のための巧妙な仕組みが理解できる。

その次に、この社会を突き動かしている欲望エネルギーを考える。この欲望は、善悪の両面に作用する。

そこで、素朴な問い「戦争がいけないことは、誰でも知っているにも関わらず、なぜ、戦争犯罪がなくならないのか」に向き合う。

そのために、欲望とは何か、善と悪とは何か、そして欲望と権力について探究する。

▶「相手との関係を知る」では…

人間関係は、対等であることが基本だが、現実には立場の違いなどにより、相手との力関係に大きく影響する。

ここでは、血のつながった親子、水平的な関係の友だち、職場などの上下の関係などに分けて、その関係ごとのコミュニケーションのあり方を考える。

そして、悪質ないじめには、自分一人ではなく、信頼できるチームの力で乗り切ることの重要性を確認する。

また、法律的なトラブルに巻き込まれないために「君を守るための法律のセンス」についても考える。

▶「伝えるための技法を知る」では…

伝えるための多彩なコミュニケーション技法の中から、利用価値の高いものを説明する。

それは…

◆ 好印象を与えるための「自己紹介」。

◆ 人間としての深みのある「スピーチ」。

◆ 聴衆に伝えたい企画・内容を効果的に説明するための「プレゼンテーション」。

◆ カフェで、お茶をしているかのようなリラックスした雰囲気の中、テーマに沿った対話ができる「ワールドカフェ」。

◆ まとまったアイデアや価値観を多くの人に伝えようとした場合に必要となる「本の創作」。

この中には、経験できる機会の少ないものもある。

そこで、いざというとき、困らないために、その技法の基本事項を理解しておく。

プロローグ　了

Ⅰの部

コミュニケーションとは何か

1章　コミュニケーションの役割

2章　多様なコミュニケーションの手段

3章　コミュニケーションの構成要素

4章　自分との対話

5章　本との対話

（この冒頭は、プロローグより転記）

コミュニケーションを根源的に理解するために、あえて、植物のコミュニケーションに注目した。

考えると、微生物であろうと、植物であろうと、環境や仲間とのコミュニケーションがとれなければ、生き延びることができない。

そして、地球上のバイオマス（生物の総重量）のうち、多細胞生物の99%以上を植物が占めている。

そこで、植物が繁栄した秘密、すなわち、独自に進化した植物のコミュニケーション手段を探求することにする。

次に、人類発展の原動力となった言語と文字について、その理解を深める。

◆ 言語の獲得により、頭の中にある「考え」「価値観」「知識」などを言語に変換することが可能となる。

◆ 文字の発明により、知識やノウハウなどの集約が可能となり、生活・文化・技術のレベルが向上する。

その次に、コミュニケーションの構成要素を、次の3つに分解して、その内容を体系的に理解する。

◆ コミュニケーションの基盤である「コミュニティとの関わり方」。
◆ 意見の異なる相手に対しても、友好モードを維持するための「コミュニケーションの心構え」。
◆ 観察力、傾聴力、相手に共感する力などの「コミュニケーションの基礎的な能力」。

1章

コミュニケーションの役割

辞書を引くと、コミュニケーションとは「人間が互いに意思・感情・思考を伝達し合うこと」とある。

それは、一方通行ではなく、こちらの意思が相手に伝わり、相手からの意思がこちらに伝わる双方向の関係がなければならないことを意味する。

そして、伝える内容にもよるが、そこには、相互の信頼関係がなければ成立しない。

❶ コミュニケーションの目的

コミュニケーションの目的は「双方の信頼関係を深めること」といわれるが、コミュニケーションは、その信頼関係を基礎にしている。それは、ニワトリとタマゴの関係に似ている。

コミュニケーションは、人間どうしを結び付けるものであり、その効果は、人間関係を左右することになる。

聞き手のことを考えずに、自分の言いたいままに、喋るのは、本当のコミュニケーションの姿ではない。常に「どう聞いてもらっているか」を考えながら会話を進めなければならない。

そして、コミュニケーションの目的を広く解釈すると、次のようになる。

1. 人生を楽しむ

公園などで、お年寄りが笑顔で話している光景を目にするが、その関心が話の内容ではなく、会話それ自体を楽しんでいるように見える。

近づくと、信頼関係から生まれる音声に、心地良さを感じて響き合っている。

それは、人間だけではなく、小鳥のさえずり、アブラゼミの力強い鳴き声…ありとあらゆる生き物たちは、声を発することによって、自分の存在感を確かめている。

さて、文化には、絵画、音楽、ダンス、小説など様々な領域がある。その中で、根源的な自己表現は、人間が発する言語音声にある。

そして、この最も身近な言語音声が、君の人生の質を決めている。

2. 自他共に成長する

君たちが人間として成長する上で、その影響力は「学力」よりも「非認知能力」の方が遥かに大きい。

この非認知能力とは「文字が書ける」「計算ができる」などの目に見える知的能力ではなく「人とつながる力」「他者を思いやる力」「自分を律して我慢する力」など。

また、この非認知能力を育む最良の時期は、就学前だが、どの時期であっても、学力に偏り過ぎた教育は、非認知能力を伸ばす機会を奪うことになりかねない。

ある程度の基礎能力さえあれば、学力は独学でも伸ばすことができるが、この非認知能力は、遊びの中で育《はぐく》まれる。

そして、遊びの本質は「面白い」「目的をもたない」ことにある。

「学ぶ」と「働く」などは「遊び」の対極にあるものと勘違いしている人もいるが、遊びは、すべての人間の営みの基礎にあるもので、その懐は深い。

いずれにしても、子どもは、遊びの中で、自他共に、人間として成長していくことだけは確かだ。

なお、子どもは、遊びの天才といわれるが、大人であっても成功者は、みな遊びの天才だ。

3. 社会を豊かにする

この複雑な社会活動を現場で支えているものは、多様な人々だ。それらを調和させ、豊かさに結び付けているものがコミュニケーションの力にほかならない。

そして、コミュニケーション力や身体能力は、使わないと衰《おとろ》える。老境の脳は、必要がないと見なして、ドンドン記憶を断捨離してしまう。

そこで、一人でも多くの人が良好なコミュニケーションを通して、様々な社会の課題に挑戦することが大切になる。

深く考えれば、コミュニケーション力は、人間力にいきつく。その人間力とは…

自己を	知る力
他者を	触発する力
自他共に	一体感をもつ力

❷ コミュニケーションの効果

コミュニケーションの効果として、次のことが考えられる。

1. 互いの信頼が深まる

状況にもよるが、自分から歩み寄らなければ、人とのコミュニケーションは始まらない。まずは、自分の感情をスムーズに伝えることが重要となる。

そして、相手の感情や価値観を正しく理解することができれば、相手の人間性までも理解できるようになる。

そうなれば、相手の言動も予測できるので、トラブルもなく、楽しい時間を安心して共有することができる。

2. 仕事の生産性などが向上する

世界的に見ると、この30年間で、アメリカ、イギリス、ドイツでは、確実に賃金水準が上昇している。上昇しないで、横ばいの水準にとどまっているのは日本だけのようだ。それを、低賃金の長時間労働で補っても何も解決しない。

この課題の根本的な解決を図るためには、良好なコミュニケーションによって、職場の活性化と人間関係の質を高めることにある。

これからは、一人ひとりの個性を尊重しながら、全員が活躍できるようなチームワークが大切となり、上からの指示で動く組織では、付加価値が生まれにくい。

3. 考え方や気持ちを整理できる

人は、コミュニケーションを通して、新しい知識や優れた考え方に触れる機会に恵まれる。

そして、経験上からいえるが、相手の反応を確かめることにより、自分の考え方や気持ちを整理・深化できることも多い。

また、相性の合わない人との付き合いにもメリットがある。

トラブルを避けるための忍耐力や自制心が生まれるだけでなく、それを通じて、自分の様々な側面が刺激され、自分を深化させることができる。

4. 多彩な価値観に触れる

周りを観察すると、困難から抜け出せない人の多くは、自分の潜在能力に気づいていない。

しかも、自分と同じような価値観の人とのつながりしかない場合には、狭い枠の中で苦しむことになる。

そこで、問題を解決するためのパワーを得るためには、多彩な価値観をもつ人とのつながりが重要となる。

いずれにしても、お互いの不完全さを補い合うことで、レジリエンス（困難を乗り越える力）を磨いていくことになる。

そう考えると、教育の目的は、同じ考えをもつ人間をつくることではない。多彩な価値観をもつ、豊かな人間をつくることにある。

5. 心の安定や幸福感が得られる

いかなる人であれ、その人には家庭があり、職場があり、様々な人とのつながりがある。そこでのコミュニケーションを避けて生きていくことはできない。

人との関係を狭めた生き方は、その煩わしさを軽減させてくれるかもしれないが、それにより幸せを感じる機会も少なくなる。

それは、自分一人で喜ぶときよりも、周りの人々と共に喜ぶことの方が、その喜びは格段に大きいからにほかならない。

さて、コミュニケーションというと、中身のある話題を話さなければならないと勘違いしている人もいるが、そんなことはない。

自分のありのままの気持ちを語り合える友とのコミュニケーションは、それ自体が幸福感を感じさせてくれる。

いずれにしても、人は孤立すると、自分を見失うことがある。

しかし、多彩で穏やかな人間関係の中にいれば、それだけで、自分が安定・成長していることが実感できるはずだ。

6. 老化の防止になる

高齢になるにつれ、これまで、できていたことができなくなる。そして、老化は、足からだけでなく、脳からも始まっている。

誰であれ、人との交流が少なくなっていくと、脳だけでなく心も委縮していき、社会性や人間性も失われていく。

一方、心の許せる友人や共通の趣味をもつ人などとのコミュニケーションは、心の安定と充実感を与えてくれる。

さらに、自分の考えを表現する機会や相手の気持ちを理解する努力などを続けることにより、脳が刺激を受けて元気が出るにちがいない。

IT（情報技術）を上手に使いこなすためには、自分から学ばなければならない。

しかし、AI（人工知能）を使いこなすためには、特別な勉強は必要とされない。AIの進展によって、車の自動運転や見守りロボットなど、高齢者の生活をサポートしてくれるようになる。

さらには、判断力や経験豊かな高齢者が、AIと共存することにより、新たな可能性が拓かれる。

それは、高齢者も主役になれる社会だ。

2章

多様なコミュニケーションの手段

この章では、単細胞生物から始まるコミュニケーション手段を、植物のコミュニケーション、言語の獲得、文字の力、SNS全盛時代と大きく時間軸で捉える。

植物には、目も鼻も耳もない。しかし、人間と同じように五感をもっている。

そして、食べられることを前提に、それらの機能を体全体に分散させた構造をつくり上げている。

個々の根の先端には、人間の脳に相当する機能と、プラス身体機能がある。人間の脳のような上位器官をもたない植物の生き方は、とても興味深い。

10万年前、人類は言語の原型を獲得する。これにより、頭の中にある「考え」「価値観」「知識」などを言語に変換することが可能となった。

5,000年前、人類は必要に迫られ文字を発明。それは、記録する役割にとどまらず、次のような可能性を広げた。

◆ コミュニティに存在する知識やノウハウなどの集約が可能となり、生活・文化・技術のレベルを向上させた。
◆ 文字で書かれた文章であれば、様々な情報の検討が可能なため、考え方を深めることが容易となった。

❶ 植物のコミュニケーション

すべての生き物にとって、植物は食物連鎖の土台、すなわち、私たちが食べているものは、植物か、植物から栄養をとって成長した生き物。

では、植物は、どのような方法で自分の中にデンプンなどのエネルギーを貯めることができるのか。

植物は、太陽エネルギー（光）を使って、水を分解して酸素を発生させると同時に、CO_2を固定させデンプンなどの有機物をつくる。この奇跡のプロセスが光合成と言われるものだ。

いずれにしても、地球上のすべての生き物は、植物なしで生きていけない。

1. 動物とは違う生活スタイル

植物が選んだ独自の生活スタイルの特徴を見てみよう。

その1　奇跡の力　光合成…

植物は、光合成という奇跡の力をもつ故に、定住生活を選んだ。動物は栄養をとるために動植物を食べなければならない。

そこで、運動に関する能力（走る、飛ぶ、泳ぐ）を身につけていった。

やがて、人類も狩猟採集生活から、植物と同じように定住民の生活を選び、大文明を築いた。

その2　機能を分散させたモジュール構造…

植物には、脳、心臓、胃腸などはないが、それらの能力がないわけではない。体全体に機能を分散させた**モジュール構造**の体を作り上げている。

動物に食べられることを前提として、体のどの部分を失っても、自分の生存が危険にさらされないための根本的な選択だ。

また、この分散型モジュール構造は、中央集権的な構造に比べ、意思決定・行動の柔軟性がとても優れている。

参考▷メモジュール構造

このモジュール構造は、機械工学、建築、プログラミングなどの分野で広く採用されているが、言葉で、うまく説明することは難しい。

参考までに説明すると、モジュールとは、部品を意味するが、部品単独でも動作する機能のことを「モジュール機能」と呼び、他の部品と組み合わせて使用するものなので「モジュール構造」といわれる。

その3　ゆったりとした時間軸…

　現在では、録画した動画の早送り再生により、花が開く様子や芽が成長していく姿を見ることができる。植物の動く速度が人間に比べて、あまりにも違い過ぎるため、植物は動かないと錯覚している。

　また、植物は土の中で…無数の根とそのネットワークを築いている。この根の先端は、24時間体制で、水や養分を求めて動いている。

2. 植物の五感

　植物には、目も鼻も耳もない。しかし、人間と同じように五感をもっている。それ以外にも人間にはない優れた感覚をもっている。

その1　視覚…

　人間のようにモノを見ることはできない。しかし、光合成など、巧みに光を利用して、光の質と量を識別している。

　そのため、光を効率的に受けるために、葉を動かし、枝の位置を修正しながら光がさす方向に成長する。

その2　ニオイは、植物の言葉…

植物は、ニオイ（揮発性有機物の微粒子）によって、周囲の環境から情報を得て、植物どうしや昆虫とのコミュニケーションを図っている。

なお、このニオイの感覚器官は、体全体に散在している。

その3　味覚感覚は桁違い…

植物の根は、周りの土の中から、微量のミネラル、すなわち、N（窒素）P（リン）K（カリウム）などを探し当てる能力をもっている。

それは、どんな動物よりも優れた舌をもっていることを意味する。

その4　湿度計のような機能…

この湿度探知機能により、地面の湿り具合を正確に測定できるだけでなく、遠方にある水源も予知できる。

3. 地中のコミュニティ

その1　豊かな地中コミュニティ…

植物の活動は、光の利用を除き、その大部分を、地上に出ている部分ではなく、地中にある根が担っている。

その根は、そこに生息する無数の微生物、細菌、菌類などとコミュニケーションをとっている。

その2　根の先端は脳…

根の先端には、根の成長を正しい方向に向かわせる機能のほか、水や養分を探し当て、それを取り込む機能がある。

まさに、根の先端には、人間の脳に相当する機能と、プラス身体機能がある。

その3　無数の根によるネットワーク…

根の先端には、様々な機能があるため、様々な要求が集まる。

例えば、右に伸びて不足しやすいミネラルを見つけるべきか、下に伸びて水を探すべきかと。

いずれにせよ、植物全体にとって何が重要かを、個々の「根の先端」が決定している。

それを可能としているのが、無数の根の先端がネットワークで結ばれているからにほかならない。

人間の脳のような上位器官をもたない植物の生き方は、とても興味深い。

❷ 言語の獲得

440万年前のアフリカに、二本足で歩き始めた奇妙な生き物がいた。サルと人の特徴を合わせもったこの生き物の登場こそ、人類進化の壮大な物語の始まりとなる。

そして、再び奇跡的な進化が10万年前に起こる。

ついに、好奇心あふれるホモ・サピエンスが、言語の原型を獲得する。

そして、5,000年前、人類は必要に迫られ、文字を発明する。

1. 2つのコミュニケーション手段

言語が生まれることにより、コミュニケーション手段は「言語」と「非言語」との2つに大きく分類されることになる。

言語は、日常的に使っている言葉のことであり、これにより、頭の中にある「考え」「価値観」「知識」などを言語に変換することが可能となった。

一方、非言語は、目の動きや表情、声のトーン、身振り手振りなどの言語以外のすべてを含む。

そして、感情の伝達や信頼関係の構築は、この非言語の力なくして実現できない。

2. 非言語コミュニケーションの重要性

人類が言語を獲得してからも、この非言語コミュニケーションは、大きな力をもっている。

それは、言葉だけでは、不完全なコミュニケーションとなり、非言語という土台があって、初めて意思が正しく伝わるからにほかならない。

例えば、話し手が受け手にメッセージを伝えようとしたとする。その際、表情や話し方と発する言葉とが矛盾していたとき、人は、それをどう受け止めるのかを実験した人がいた。

それによれば、視覚・聴覚・言語の3つの情報の間に矛盾があった場合…人の反応は、次のような興味深い結果となった（メラビアンの法則）。

【相手の感情を読み取るための情報源】

どこから	内　容
視覚情報から 55%	表情　視線　身振り手振り　服装
聴覚情報から 38%	声の大きさ　トーン　速さ　話し方
言語情報から 7%	会話そのものの内容

この表は、3つの情報の間に矛盾を感じたとき、人は非言語情報（視覚・聴覚）から、相手の感情を読み取っていることを示している。

そのことは、言語情報が、その役割を果たすためには、3つの情報をすべて一致させることの大切さを教えている。

また、話す内容自体に、どんなに価値があったとしても、自信がなさそうな話しぶりであれば、それだけで「この人の話は聞く価値がない」と判断される可能性がある。

しかし、自信に満ちあふれた表情でイキイキと話す姿が、相手の目に映れば、印象は大きく変わる。

❸ 文字の力

人類の歴史は、文字の発明によって、記録されることになる。

そこで、長い間、文字がなかった人類が、文字、すなわち、記録する技術を得ることにより、どのように変化していったのかを考える。

1. 文字とは何か

調べると、人類が文字を使うようになったのは、つい最近。この地球上には、今でも、文字がなくても、何不自由なく生活している少数民族も存在している。

しかし、社会が複雑化して、覚えなければならないことが増えてくると、その内容を記録するための手段が必要となる。

そこで、地球上の多くの地域で、文字が登場することになる。

なお、言葉が自然発生的に生まれたのに対して、文字は、人工的に創られた。

そして、その文字は、記録するための役割にとどまらず、次のような可能性を広げた。

その1　そのコミュニティに存在する知識やノウハウなどの集約が可能となったため、これを通して、生活・文化・技術のレベルを向上させた。

その2　文字で書かれた文章であれば、検討することが容易にできる。それにより、思考が促され、自分の考えを深めることが可能となった。

その3　文章で書かれたものを送ることにより、遠方の人にも情報を伝えることが可能となった。このネットワークの広がりが、社会の集団規模の拡大を促した。

2. 文字の進化

文字の起源、それは、たった5,000年前に、メソポタミア地方のシュメール人によって発明された「くさび型文字（音節）」だった。

そして、表音文字であるアルファベットを含め、すべての文字は、絵文字をルーツにもつ。

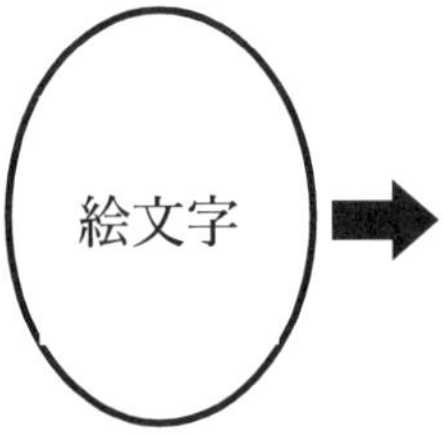

絵文字	ピクトグラフ　道路標識
表音文字	アルファベット　仮名文字
表語文字	漢字
その他	楽譜　数式記号

その1　覚える必要のない絵文字

この絵文字は、覚える必要がないため、表現しようとする内容を、はじめての人にも想像できるという利点がある。

日本では、当初、外国のお客さんのために、トイレ、エレベーター、非常口などを示す絵の記号（ピクトグラフ）として作られた。

今でも、道路標識を始め様々な分野で「現代の絵文字」として活躍している。

その2　読むことのできる表音文字

絵文字として有名なアステカ文字は、言語として読むことはできない。そのため、話した音声を、そのまま記録として残すことができない。

そこで、表音文字の登場となる。

例えば、文字のなかった日本では、声に出して詠《よ》んだ和歌を短冊に残すことができなかった。そこで、日本語の発音（あいうえ…）に対応する文字として、漢字（阿 伊 宇…）を利用することになる。

なお、この正式の漢字は、画数が多いため、次第に簡素化されていった。その結果、発明されたのが「仮名文字」である。

一方、表音文字でもある英語は、文字とその発音との関係が仮名文字のように単純ではない。

例えば、Bedをビー・イー・ディーと読まないだけでなく、英語は、スペルと発音がくいちがっている。

そこで、英語学習では、母音15と子音24の音を「26の文字」と結び付けて一つ一つを学んでいくことになる。

そして、26文字の世界で暮らす欧米人にとって、漢字を覚えることが、いかに大変なことかが想像できる。

その3　漢字は不思議な表語文字

私たちの社会では、言葉の数は増え続けているが、常用漢字の2,100文字あまりで対応できている。

それは、学校、森林、経済などいくらでも「漢字の組み合わせ」により語《ご》彙《い》を増やすことができるからである。

また、一つの漢字を分解すると、楠は「木」と「南」からできているが、木も南も単なる部品ではなく、独立した意味をもっている。

漢字の魅力は、それから生まれる熟語を活用すれば、表現力とその理解するスピードが優れている点にある。

日本語の文字体系は、究極の表音文字である平仮名をベースに、外来語である漢字を巧みに取り入れ、英語圏の言葉を「コンピューター」のように、カタカナ表現するなど、適応力に優れている。

その4　その他の個性的な文字

音楽で使われる楽譜、数学で用いられている様々な記号、目の不自由な人のための点字ブロックなど…個性の豊かな文字が活躍している。

❹ SNS全盛時代の主役

今や、日常のコミュニケーションの王座はメール。

日常の生活だけでなく、プライベートでも仕事でも、毎日のようにメールを使用している。

従来は、会話・手紙・電話が中心的なコミュニケーションの手段であった。

今は、インターネットと携帯電話の普及により、電子メールがSNS全盛時代の主役となった。

SNS時代のビジネスでは…周囲とのコミュニケーションをとる手段は「文字メール」が最も多く「電話」「会って話す」と続く…

この順位は、今後も変わらないと考える。

そして、これらの手段自体に優劣があるのではなく、それをどう選択するかが重要となる。

例えば、話の意図を間違いなく伝えたい場合は「会って話す」、時間的な余裕がなく、相手の反応が欲しい場合は「電話」、それ以外は「メール」と使い分けている人もいる。

1. メールのもつ魅力

ここで、このメールを効果的に活用するために、そのメリットを整理する。

その1　自分のペースで送ることができる。

メールは送りたいときに送り、相手も読みたいときに読むことが原則。お互いが、仕事のスキマ時間を利用することにより、仕事の効率化が図れる。

その2　通信環境さえあれば、いつでも利用できる。

自分や相手がどこにいても、通信環境があれば、そこから送れる。

また、電子メールは、たくさんの人に同時に送ることができる。

しかも、郵便やファックスと異なり、何通出しても無料。この通信コストがかからないことがインターネットメールの魅力。

その3　デジタルデータのもつ利便性を活用できる。

◆ 資料や請求書なども添付ファイルとして送ることができる。
◆ 紙の書類に比べ、保管スペースが必要ない。
◆ デジタルデータのため、メールは検索が容易にできる。

◆ メール本文もデジタルデータのため、加工や2次利用が容易にできる。

その4　送受信の内容を記録に残すことができる。

メール本文だけでなく、添付ファイルを含めて、送受信の記録が残るので、電話などでありがちな『言った、言わない』などのトラブルを防ぐことができる。

2. メールのトラブルを避けるために

次に、メールでのトラブルを避けるために、そのデメリットも整理する。

その1　相手がいつ目を通すか分からない。

相手が反応しない限り、読んでもらったかどうかを確認できない。

また、反応がなく、不安に思うときは、電話でフォローすることになる。

なお、何らかの理由で、すぐに返信ができないときは、トラブルを避けるために「すぐに回答できない状況」を返信しておく。

その2　細かいニュアンスが伝えられない。

面と向かって会話しているわけではないので、感情や微妙なニュアンスなどは伝わりにくい。

なるべく曖昧な表現は避け、分かりやすい文章にすることが重要となる。

その3　相手の反応や理解度が分からない。

メールの内容は、受け取った人の一方的な解釈に依存する。これが対面ならば、相手の反応を見て、説明を追加することもできる。

しかし、メールでは、相手がどのような反応をしているのか、どこまで理解しているのかも見えない。

しかも、一度、送ってしまったメールは、取り戻すことはできない。

後悔しないためにも、内容を送信前に必ず確認すること。

いずれにしても、この用件は「メールで伝えるべきか」「電話の方が良いか」「会って話すべきか」を相手の気持ちになって考えることが重要となる。

3. 気持ちを伝える文章力

ともあれ、メールが主役のSNS時代では、文字だけで組み上げた文章の力で気持ちを伝えるしかない。

また、その文字もデジタルである。中には、手書きでないと心がこめられないと思っている人もいるが、このデジタル文字で勝負するしかない。

そこで、自分の気持ちを伝えることのできる文章を書くためのポイントを整理する。

その1　こちらの誠意・人柄を文字に宿らせる。

相手目線で書かなければ、そもそも真剣に読んでもらえない。

文章には、こちらの人間性が現れるので、日頃の誠実な生き方が、すべてのコミュニケーションの土台となっている。

その2　練り上げるための時間がある。

対面での会話とは異なり、メールの場合、こちらの気持ちを伝えるために「文章を練り上げるための時間」が十分あることが強みとなる。

その3　簡潔を旨とする。

大事なことが誤解なく伝わるように、余計な説明やうんちくを書かない。

その4　分かりやすさを優先する。

どんなに内容が立派でも、相手に伝わらなければ、意味がない。難解な用語や分かりにくい表現は避ける。

3章

コミュニケーションの構成要素

❶ コミュニティとの関わり方

❷ コミュニケーションの心構え

❸ コミュニケーションの基礎的な能力

❹ 声の力

人生の苦しみも悲しみも、その多くは、人間関係の中で生《しょう》じる。

そして、誰もが求める幸福感も喜びも、他者との関係の中で生《う》まれる。

この章では…

コミュニケーションの役割と手段に続き、コミュニケーションの構成要素について考える。

どのコミュニティと関係するかで、人生そのものが大きく変わる。

そこで、コミュニティとの良好な関わり方を考える。

次に、意見の異なる相手に対しても、穏やかな友好モードを維持するための「コミュニケーションの心構え」を学ぶ。

その次に、どのような場面でも必要とされる観察力、

傾聴力や相手に共感する力などの「コミュニケーションの基礎的な能力」を理解する。

最後に、心の動きと連動する「声の力」を知る。

❶ コミュニティとの関わり方

　コミュニケーションは、コミュニティと関わることから始まる。

　このコミュニティとは「仲間意識をもつ集団」を意味し、地域に根ざした「地域型コミュニティ」から始まった。

　私たちの周りには、家庭、学校、塾、地域社会、職場など、様々なコミュニティが存在する。

　そして、インターネット環境を活用したネットコミュニティも増えている。

　なお、参加条件は、コミュニティの活力を持続させるために、次のようになる。

◆ 入退会が当人の自由。
◆ それに加入していなくとも、不利益を被らない。
◆ 相手の顔が見えることが基本。それができていなければ、人間の集まりとはいえない。

　そこで、コミュニティとの良好な関わり方を検討する。

1. 相手のタイプに応じて

君が参加するコミュニティには、様々な人がいる。それが最大の魅力でもある。

例えば、次のような人もいる。

◆ 話をするのは好きだが、聞くのは苦手な人。
◆ 相手の良い点を素直に受け入れる人もいれば、自分の考えに固執する人もいる。
◆ 無神経な人もいれば、ちょっとしたことでも、気にする人もいる。

そこで、一番大切なことは、相手の特徴を素早く理解できることと、相手のタイプに応じたコミュニケーションができるか否かにかかっている。

2. 心地良い距離感・親密度

コミュニケーションで求められる「心地良く感じる距離感・親密度」は、人により異なる。

あまりなれなれしくされると恐怖感を感じる人もいる。

そこで、相手への距離感や話す態度などは、一定の節度を守ることが、コミュニケーション・マナーとして重要となる。

3. 否定に弱い人

否定に弱い人は、以外に多い。その特徴は次の通り。

◆ 自分の考えが明確でないため、反論ができない。
◆ 失敗を恐れ、心が弱気となっている。
◆ 全員が課題解決に集中すれば、誰が発言したかは重要ではない。だが、自分を意識しすぎると、自己主張を控えるようになる。

それを克服するために、次のことを意識する。

◆ 失敗を恐れず、様々な経験を積む。
◆ 名声の有無に関わらず、他者の見解に依存しすぎない。
◆ 自分の考えに自信をもつて、主体的な生き方をする。

4. 求められる多角的な視点

ともすれば、自分の視点が先行すると、相手の気持ちが置き去りにされ、独り善《よ》がりなコミュニケーションとなる可能性がある。

気づけば、自分の考えや判断を押し付けてしまうことになりかねない。

そこで「相手の視点」と「コミュニティ全体の視点」に立つことが重要となる。

例えば、気候変動問題が改善されない背景には…

取引の当事者さえ儲かれば良いとするWin-Winの関係を基調とするビジネスの仕組みが優先され、社会全体の利益を大切にする「世間よし」の視点が欠けている。

いずれにしても、困難な課題を解決するためには、多角的な視点で、物事を観察し、考えることが重要となる。

5. ネットコミュニティの可能性

コミュニティが地縁型からネット空間へ広がっている。このネットコミュニティでの友人は、その目的にあった人の集まりで、入退会が自由にできる。

それは、自分の成長や関心の変化に合わせて、友人をタイムリーに変えていく時代の到来を意味する。

そして、君たちが生きるSNS時代では、初対面の人とでもコミュニケーションができる力が求められる。

いずれにせよ「真の一人の友人をつくれる人」は、いつでも、必要とする友人をつくることができる。

重要!　ネットコミュニティ

インターネットのアプリケーションを通じて共通の関心分野や価値観などをもった利用者が集まって、お互いに意思・感情・思考を伝達し合う場。

関心分野は多種多様だが、このネットコミュニティは、情報交換型コミュニティ（情報交換・問題解決・相互扶助など）と社交型コミュニティに大別される。

❷ コミュニケーションの心構え

恐怖心が伴う怒りモードに入ることなく、心穏やかな友好モードを維持するために「コミュニケーションの心構え」を考える。

1.「話す」と「言う」は違う

会話は聞き手があって成立する。聞き手のことを考えずに、自分の言いたいままに喋るのは「話す」のではなく、ただ「言う」という状態。

例えば、自治体の住民説明会などで、職員が一方的に説明するだけで、しかも、質疑応答のための時間が確保されていない場合もある。

聞き手を意識して、その理解度や反応を確かめながら話すのが、本当の意味での「話す」になる。

2. 人に嫌われない態度

嘘はつけても、ごまかすことができないのが態度。

ところで、嫌われるタイプの一番は、いばる人…反感をもたれる。2番目は、相手の話を真剣に聞く姿勢が見られない人…話をしてもムダと考え、人は去っていく。

逆に、人に好かれる条件は、次のようになる。

◆ いつも、若々しく、笑顔で接する。
◆ 相手の個性・価値を認める。
◆ 相手に温かい関心をもち、真剣に耳を傾ける。
◆ 否定語は使わず、常に肯定的に捉える。

3. 感情をどうコントロールするか

真面目な人の中には、相手の不用意な発言をキッカケに「怒りモード」にスイッチが入ってしまう人がいる。

それから「冷静モード」に復帰するのは、意外に難しい。

いずれにしても、どのような事態に遭遇しても平常心でいられることがコミュニケーションの基本の中の基本となる。

どんな人でも「怒りモード」に、スイッチが入ってしまうと、恐怖心が生まれ攻撃的となる。

それを乗り越えるためには、常に、穏やかな心で、意見の異なる相手に対しても、友好モードで接することが重要となる。

4. まずは受け入れる

会話をしていると、自分の考えと相手の考えが違うことに気づく。

その場合、すぐに否定してしまうと、相手の感情をキズつけるだけでなく、コミュニケーションが続かなくなる。

それを防ぐためには、すぐに反対するのではなく、一旦、無条件に受け入れることを優先する。

相手の考えを理解した上で、その相手の意見に沿って、自分の考えを述べることになる。

5. 完璧な理解を求めない

この世の中には、自分と同じ考えや価値観をもつ人間は、一人としていない。

それは、相手に完璧な理解を求めることが、現実的でないことを意味する。

むしろ、個性や理解の違いを尊重する生き方にこそ、新しい道が開かれていく。

6. 誰が正しいかで論争しない

どんな優れた提案でも、何らかの問題を抱えている。そこで、相手の問題点を攻撃し合っていては、どこまでも平行線となる。

誰の主張が正しいかではなく、現状の課題をどう解決すべきかにある。互いに、こだわりを捨てたとき、相手への理解が生まれる。

どうしても、協力する道を選択できなかった場合には、潔く、話し合いを止める。

❸ コミュニケーションの基礎的な能力

コミュニケーションで求められる能力は、その場面ごと、会話の内容ごとに異なる。

そこで、どの局面でも必要とされるコミュニケーションの基礎的な能力を考える。

1. 観察力

観察とは「物事のありのままの姿を注意深く見極め、客観的な知識を得ること」といわれる。

それは、詳細な動きではなく、全体的な概況の理解にある。

人々の価値観が多様化しているコミュニケーションの世界では、相手のことを理解できる力が問われる。

そのためには、日頃から人間に興味をもち、その言動を観察する力を磨くことが必要となる。それは、自分が当事者でない場合も含む。

そして、この観察力がつけば、相手に対する理解力が向上するだけでなく、自分を客観的に見る力もつく。

2. 傾聴力

喋ることを得意とする人は、よく見かけるが、心から聴くことに集中できる人は少ない。

もし、聞く側に傾聴力があれば、誰もが喜んで話をする。

一方、話す側にとっても、話を聞いてもらえることにより、頭の中が整理され、心も癒されることもある。

聞く側も、真剣に耳を傾けることが学びとなり、聞くことが楽しくなる。

いずれにしても、この傾聴力がコミュニケーションの質に重要な影響を与えている。

3. 相手に共感する力

人の気持ちを汲み取る努力をしないと、相手に共感する力は育たない。

現実問題として、相手の感情を避けると、事態が深刻になることもある。そこで、相手の感情を受け入れることから始める。

そして、お互いに認め合うことにより生まれる…深い共感力が解決の糸口になる。

4. リードする力

そもそも、日常の会話は、ライブであるので、自然な流れでトークを楽しむことになる。

しかし、会話は、いつも、順調に進むとは限らないので、次のようなリードする力も必要となる。

◆ 話の主導権は、話題の切り替えで変わるものだが、この切り替えのタイミングと、話題の方向性をリードできること。
◆ お互いにストロークの長い話は、しないように自制する。
◆ 複数人の会話では、みんなで時間配分に気を使う。

5. 的確な質問ができる力

相手から価値のある話を引き出す力が聞く力だといわれる。

そこで、的確な質問をするためには、次のようなことが大切となる。

◆ 何のために質問するか、を明確にしておく。
◆ 相手の立場に立って、応えやすい質問をする。
◆ 相手が考えるための時間を…配慮する。
◆ 話の流れを遮ることのないように、絶妙なタイミングで質問をする。

6. 雑談力

コミュニケーションは、手段であり、目的ではない。それ故、伝えたい内容がなければ始まらない。

小話《こばなし》だけを、いくら知っていても、人間としての深みは出せない。

雑談は、本題に入る前の大切なプロローグとして、かつ、話をシームレスにつなげるための潤滑油として使われている。

雑談といえども、もっと話がしたいと思わせる魅力的なものでなければならない。

世の中には、雑談力のある人に脅威を感じる人もいるので、ケースバイケースとなる。

❹ 声の力

　声のもつ力は、言葉のもつ力より大きい。
「文字の世界」の奥に「言葉の世界」があり、さらに、その奥に「声の世界」がある。
　その声の世界は、心の動きと根源的につながっている。
　そこで、コミュニケーションの観点から、声の力について考える。

1. 声の力の不思議

　ある種の障害により「文字」から「言葉」を想像できない人たちがいる。その人たちは、文章を自分で理解することができないが、人に読んでもらえば理解することができる。
　声の力は、私たちが意識すると否とに関わらず「脳の言葉を理解する領域」に働きかけている。

2. 人は、声に魅《ひ》かれる

　その人の人柄や教養が、その声に現れる。そこで、人柄を顔などではなく、声で判断する人もいる。

　また、人の声は、その人の心が声として響いているので…
「心地良い声、聞きたくない声」
「爽やかな声、品のない声」など様々である。

3. 声の力を生かすポイント

コミュニケーションでは、声のもつ性質を最大限に生かすことが重要。

例えば…

◆ 言葉を発するときは、その言葉のイメージを心に浮かべると伝わりやすい。

◆ 長い文章の場合、効果的な間《ま》があるとないとでは、理解のしやすさが格段に違う。
また、大事な言葉の直前では、間《ま》を入れることが多い。

◆ 音量をコントロールする。いかなる場合でも、聞き手に圧を加えるような大きな声は出さない。
また、何を話しているか分からないような弱々しい声は、伝わりにくい。

4章

自分との対話

❶ 自分との対話とは

❷ 自分との対話の効果

コミュニケーションといえば、対人関係がイメージされるが「自分との対話」も大切となる。

迷ったり、後悔したり、反省するのは、自分との対話をしている証拠でもある。

そこで、この章では「自分との対話」の意味と、その効果について考える。

❶ 自分との対話とは

人生も、コミュニケーションも、その目的は、本当の自分を見つけることにある。

君は、多彩な出会いから多くの刺激を受け、自分の考え方などを深めることができる。

そして、本当の自分を見つけるためには「自分との対話」すなわち、自分の内面に意識を向けることが重要となる。

そこには、多彩な感情などが渦巻《うずま》いている。

ときには、不安、焦り、欲望などの感情に翻弄《ほんろう》されることもある。

しかし、これらの感情は、人間らしさを彩るだけでなく、生きる活力にもなっている。それをどの方向に向けるかが、心の分岐点となる。

いずれにせよ、他者に負けても挽回《ばんかい》のチャンスはあるが、自分に負けてしまうと自己を見失うことになる。

❷ 自分との対話の効果

1. コミュニケーション能力が高まる

コミュニケーション能力をどう高めるか、との視点から観ると「対人コミュニケーション」と「自分との対話」の2つは、補い合う関係にある。

そして、コミュニケーション能力の高い人には、次の特徴がある。

（相手に対して）

◆「自分のことをもっと話したい」「あなたの話をもっと聞きたい」と思わせる魅力がある。

◆ 相手と自然に共感することができる。

◆ 仲間のモチベーションを高めることができる。

（自分に対して）

◆ 自分を冷静に見る目がある。

◆ 感情をコントロールする力がある。

◆ 自分の価値観や発想の軸が明確になっている。

これらの能力は「コミュニケーションは、どうあるべきか」を問い続ける中で育まれる。

2. 人間が磨かれる

自分を深く知る、自分を磨くための最適なルート…
それが、自分との対話である。

この自分との対話が、様々な問題の解決と潜在能力の発掘につながる。

例えば…

◆ 深く自分を知ることができなければ、自分の器を大きくすることはできない。

◆ 物事の本質が理解できなければ、集めた情報は、ただのゴミで終わる。

◆ イノベーションを興すための直感を得るためには、潜在意識に働きかける必要がある。その発掘作業が自分との対話にほかならない。

3. 不正に染まらない

2022年3月、本来、公正な取引を維持する立場にある大手証券会社をめぐり、絶対にあってはならない事件が発覚した。

それは、証券会社が、自己の利益のために、特定銘柄の株価を不当に操作したことであった。

しかも、内部に張り巡らされた不正に対する発見・指摘機能さえも無視するという組織的な犯罪が疑われ、副社長までもが逮捕された。

今回の不正は、金融商品取引法や企業の内部統制などで、どのように規制しようとも防ぐことはできない。

自分を直視できるのは自分…その不正を行うか否か…最終的には「自分との対話」にある。

いずれにしても、不正を行うのが人間である以上、それを防ぐことができるのも人間しかいない。

5章

本との対話

コミュニケーションの相手は、対人、対自分、自然、人間が創作した書籍、音楽、絵画、建築物など。

考えれば、自分以外のすべてのものがコミュニケーションの対象となっている。

そして、本との対話には、対人関係でも、自分との対話でも、得られない魅力が秘められているにちがいない。

この章では「本との対話」の意義と、その効果を引き出すための「本との対話術」について考える。

❶ 本との対話とは

人生は、長いようで短い。

だが、本との出会いにより、時代を超えて、幾《いく》千万もの多彩な人間に触れることができる。

そこには、多様な思想、多彩な価値観、最新のテクノロジーなどが、豊富につまっている。

実際には、その本の作者と対話するようなイメージで、知識の吸収にとどまらず、それを刺激として、自分の思考力や想像力を磨くことが目的となる。

そして、本との対話の最終目標は、その作者の人間性、価値観、世界観までも理解するレベルに達することにある。

❷ 本との対話術

本との対話をする意義は、将来、君たちが、広い見識をもった、人間性豊かな人になるためにある。

そこで、次の3つの視点から考えることにする。

1. コミュニケーションする相手をどう選択するか

コミュニケーションを対人関係に限定しないで広く解釈すると、その相手は、新聞、テレビ、書籍、さらに、インターネットと多種多様な構成となっている。

現在は、インターネットで調べた方が効率的であることが多い。

そこで、関係するテーマに応じて、コミュニケーションする相手を、どう戦略的に選択するかが大事になる。

いずれにせよ、本は、読むことが目的ではない。本でしか得られないものが何であるかを見極める能力が必要となる。

2. どんな本を読むか

その１　思索に導く本

説明に終始して刺激のない内容ではなく、鋭い問いと作者の見解が絶妙に展開されているものを選ぶ。

その２　心が吸い込まれる本

人とのコミュニケーションと同様に、その本から、温かさや魅力が感じられることが重要となる。

そこで、自分が抱えている問題や好奇心のあるテーマから選ぶことになる。

その３　新しい発見のある本

自分にとって、心地の良い本のみを読んでいたのでは、新しい発見に出会うチャンスが少なくなる。

そこで、自分と違った考えをもつ作者や自分の知らない分野への挑戦が必要となる。

そこに、感動分岐点を超える本との出会いが生まれる。

その４　自由奔放な発想が生まれる本

ほのぼのとしたユーモラスな言葉や自由奔放な発想が得られる本としてマンガがある。

なお、私が少年の頃、夢中に読んだ本は、貸本屋で借りた単行本のマンガだった。

3. どのように読むか

その1　精読か斜め読みか。

読むスタイルは、精読にこだわらない。斜め読みするか、丁寧に読むかは、そのつど選択する。

なお、精読する方針の本でも、それぞれの章の内容に応じて、読み方を変える。

また、自分が得意とする分野では「はじめに」と「目次」を読んだだけで十分なときもある。

その2　まず、1冊の本をマスターする。

本当の意味で本を読む力は、1冊の本を徹底的に読むことにより得られる。

それは、深い内容のある本は、繰り返し読むことにより、その理解が深まる不思議さがあるからだ。

また、解らない言葉は、こまめに調べることも必要になる。その方が、全体を通してみると理解が速くなる。

その3　読書ノートを書く。

本から学んだ点や感動した言葉を、忘れないうちに自分の言葉でメモをとる。

特に感動した場合は、読了後に、素早く、その本から得られたものを自分スタイルの構成と言葉で「読書ノート」にまとめる。

なお、自分の言葉で書いておけば、読み返したとき、そのときの記憶が鮮明に蘇る。

その4　読書の喜びを味わう。

本を読むのが苦痛と言う人は、意外に多い。

当然だが、漫然と読んでいたのでは、頭脳に刻まれることもなく、感動も起こらない。

そこで、売れている本とか、人から勧められた本ではなく、読みたくなる本を、自分で見つける努力が大切となる。

やがて、その喜びが体験できれば、君スタイルの「本との対話術」が磨かれるにちがいない。

Iの部　了

Ⅱの部

人間を知る

1章　人間とは何か

2章　基本は自利行動

3章　美を求めて

4章　欲望の世界

5章　3つの習慣

コミュニケーションは、人間を中心に展開される。この人間を深く知ることが、君の中に、ゆるぎないコミュニケーションの土台をつくることになる。

そのために、次の視点から、人間の本質を探究する。

◆ 他者と共に生きる存在
◆ 生きる意味を考える存在
◆ 感情を大切にする存在

次に、微生物であれ、植物であれ、動物であれ、人間を含めて、生態系の基本は、自利行動にあると考える。

生き物にとって他者は、互いに依存関係にあると同時に競争相手でもある。

これら無数の自利的な営みを巨視的に捉えると、その共存のための巧妙な仕組みが理解できる。

その次に、この社会を突き動かしている欲望エネルギーを考える。この欲望は、善悪の両面に作用する。

そこで、素朴な問い「戦争がいけないことは、誰でも知っているにも関わらず、なぜ、戦争犯罪がなくならないのか」に向き合う。

そのために、欲望とは何か、善と悪とは何か、そして欲望と権力について探究する。

（プロローグより転記）

1章

人間とは何か

❶ 他者と共に生きる存在

❷ 生きる意味を考える存在

❸ 感情を大切にする存在

人間は、自然界で唯一の未完成な存在といわれている。
それは、人間自身が「限りなく進化していく生き方」を選択した結果でもある。

人間は、未熟な存在であるために悩むことも多いが、それをバネに芸術・文化を発展させ、より深い幸福を獲得してきた。

この章では、コミュニケーションを深めるために、人間を次の3つの視点から探求する。

他者と共に生きる存在
生きる意味を考える存在
感情を大切にする存在

そして、人間を深く知ることが…
君の中に、ゆるぎないコミュニケーションの土台をつくることになる。

❶ 他者と共に生きる存在

世の中には「他者と共に生きること」に難《むずか》しさを感じている人間群がいる。

それは、全国に100万人以上もいるといわれる「ひきこもり」だ。

ひきこもりとは、病名ではなく、一つの状態を意味する言葉、すなわち、①6か月以上社会参加をしていない、②外出していても対人関係がない場合などをいう。

この社会現象は、単なるコミュニケーション能力の問題というよりも、社会の側にこそ、その原因があるように感じる。

いずれにせよ、他者と共に生きることを拒んでしまっては、人生そのものを閉ざしてしまうことになりかねない。

そこで、すべての人にとって、他者と共に生きる喜びを実感できる社会とは、どのようなコミュニティかを考える。

1. 個性を大切にする共育

ここで、チンパンジーと人間の子育て方法を比較してみよう。

チンパンジーの子育ての基本は、一人の子どもを徹底して大事に育てる。

母親は、自分の子どもを決して叱らない、叩かない、無視もしない。

子どもは、夜泣きをしない。生後3ヵ月の間、子どもをずっと抱いているため。

また、人間と違って年子《としご》や2から3才離れた兄弟もいない。

これに対して、人間の子育ての基本は「共同養育」。母親だけで育てるのではなく、お互いに協力してコミュニティに属する複数の大人が、共同養育する方法を選んだ。

今の学校制度も、その淵源《えんげん》は、この共同養育にある。

つまり、人間の子どもは、周りからの愛情を受けることで心が安定し、初めて人間に育つことができる。

ひきこもりは、誰でもなる可能性がある。それを未然に防ぐためには、本人の個性を大切にする共同養育に力を入れるしかない。

2. 支える側と支えられる側との共存

考えれば、どんな人間でも、一人では生きていけない。助けたり、助けられたりしながら生きている。

もし、人間関係において、支配と従属の関係が優先する職場であれば、従属する側は、仕事がつまらなく感じる可能性が高いと考える。

また、支配従属関係は、支配する側に有利に働くので、それが固定化されると、格差社会を生み出すことになる。

しかし、支える意識と支えられる意識が共存する社会であれば、人間関係も上下にこだわることなく、お互いに感謝の気持ちを共有できるにちがいない。

これからは、高齢者だけでなく、介護サービスの利用者を含めて、その人のもつ才能を生かして、様々な分野で活躍することが求められる。

これは、夢のような話に聞こえるかもしれないが…

本人の自覚と、その環境が整えられれば十分可能と考える。

いずれにしても、支える側に立たなければ、生きがいも幸福感も得ることは難しい。

3. 一体感のもてる社会

「ワッショイ　ワッショイ　祭りだ　ワッショイ」。神輿《みこし》を担ぐ若者の晴れやかな表情は、いったい、どこから生まれているのだろうか。

決して独りでは生まれない、それは、群れることにより得られる心の一体感にあるにちがいない。

そして、鳥であれ、魚であれ、群れで行動する生き物は、その一体感の中に喜びと安らぎを感じているのかもしれない。

そこで、一体感が生まれる人間社会の条件を考える。

その1　目的や価値観などが強制されない。

一体感は、心の自由と裏表《うらおもて》の関係にあるので、表現の自由が保障されていることが重要となる。

それは、反対意見を封じ込めるような組織には、一体感が生まれないことを意味する。

いずれにしても、様々な人々に支持された多様な価値観が、そのコミュニティで共有されたとき、真の一体感が生まれる。

その2　顔の見える関係をもつ。

ここで、一体感をもてるコミュニティの規模を考える。

それは、職業、個性、才能、関心、趣味を異にする人々が出会い、コミュニケーションを通して、切磋琢磨し合えるような小規模なコミュニティと考える。

少なくとも、コミュニティが活力をもつためには、相手の顔が見えることが条件で、感謝の心が伝わる関係がなければ、それは人間の集まりではない。

また、顔の見えない社会では、社会が一つの方向に進むとき、多くの人々が無批判に同調していく可能性が高い。

その3　一人ひとりの個人の力を高める。

大きな組織は、粗雑となる。そして、命令が優先される上意下達の組織では、個人が、力を発揮する機会が奪われることが多い。

では、個人の力を高めるために、何が必要か。

その1　表現の自由が尊重される文化を築く。

そのためには、一人ひとりが、良識のある「自己を表現する力」を磨くこと。

このことをコミュニケーションの視点で考えると、相手の個性や多様性を尊重することが、いかに大切であるかが理解できる。

その2　狭い価値観の中で生きていたのでは進歩がない。

そこで、多様な価値観をもった個人やグループとつながること。この多様性のある連帯の環が、弱い個人の力を強い力に変えていく不思議さがある。

その3　個人と国家を対等に見る価値観を定着させる。

もしも、個人よりも国家が優先されると、国民の多様性が失われる。

また、相手を敵視すると恐怖心が生まれる。もつ武器が強大であればあるほど、恐怖心は膨張する。この恐怖心に怯《おび》える為政者は、内には言論弾圧、外には軍事侵攻を行うこともある。

❷ 生きる意味を考える存在

人間は大きな悩みに直面すると、誰もが生きる意味を考える。悩みに振り回される人もいるが、多くの人は、それを克服することにより、自分の人生を深めていく。

中には、自分の目指すべきベクトルが不明確なため、自分が何で悩んでいるのかも分からない人もいる。

そこで「生きる意味を考える存在」の論点を整理する。

1. 人生には、模範解答がない

人生の目的は、幸せになること。医師、弁護士、芸術家などになることは、幸せになるための手段であって目的ではない。

世の中には、手段を達成するために、自分の幸せを犠牲にする生き方をしている人もいるが、本末転倒の人生といえる。

また、幸せになるための手段は、多種多彩であり、どれが自分にふさわしいかは、自分にしか分からない。

正解はない。考え続けることが「生きる意味を考える存在」としての人間の素晴らしさにほかならない。

2. 悩むことが人間の証

人間は、困難を克服したとき、大きな喜びを感じる。幸せになることが人生の目的である以上、苦難を避ける生き方は、正しくない。

◆ 克服すべきと判断した苦難からは、絶対逃げない。
◆ 自分との戦いを止めたとき、嫉妬が生まれる。
◆ ムダな争いに巻き込まれないようにする。

3. 他人の評価に左右されない

生きる意味を考える上で、一番注意しなければならないことは、他人の評価をあまり気にしないこと。他人の評価は、自分を知るための手段の一つに過ぎないので、それに一喜一憂することほど愚かなことはない。

誰にでも、弱点がある。性格などは変えられないが、それをかけがえのない個性と考えて、開花させている人もいる。

また、幸せになると幸せそうに見せるとは違う。

いずれにせよ、他人の評価を気にして生きていると、自分が何のために生きているのかが分からなくなる。

❸ 感情を大切にする存在

誰でも、話し相手を嫌な気持ちにさせてしまった失敗経験はある。

心地良いコミュニケーションを図るために「人間は感情を大切にする存在」であることを忘れてはいけない。

1. 自尊心のない人はいない

聞き分けのない子どもも5才位になると、泣きわめくことを止める。他人が泣きわめく姿を見て、それが恥ずかしいことだと自覚するためである。

それは、どんな人間にも自尊心があるからにほかならない。

そして、コミュニケーションでは、相手の誤りを指摘することにより、自尊心をキズつけてしまうこともある。

特に信頼関係がない場合には、致命的な結果をもたらすこともある。

これを防ぐためには、人を大切にする心が、すべての振る舞いの土台になっていることが重要となる。

2. 理性では動かない

理性だけでは、どんなに内容のある話であっても、人は動かない。YESかNOかの態度を決めているのは、最終的には感情にある。

そして、感情を絶対視することは正しくないが、相手の感情を軽く考えていると深刻な事態になることもある。

いずれにせよ、感情を大切にするとは、自分と相手の感情のクセを知り、相手の感情を尊重するコミュニケーションを図ることにある。

感情を大切にするコミュニケーションでは「豊富な知識や論理的な思考」よりも「温かい感情や豊かな感性」に重点がシフトしている。

3. 人により距離感が異なる

心地良く感じる距離感・親密度は、人により異なる。この距離感・親密度を相手に合わせようとする人もいるが、そのようなコミュニケーションスタイルは、とても難しい。

そこで、次の点を考慮して、自分スタイルの距離感・親密度を磨いていくことになる。

◆ 自分が許容できる距離感・親密度の可動範囲を予め理解しておくこと。
◆ TPO（タイム、場所、場合）をわきまえた自分スタイルの距離感・親密度を決めておくこと。
◆ すべての人に対して平等である必要はないが、えこひいきと誤解されないように注意する。
◆ 直属の上司や友人のように距離の近い人ほど、この距離感・親密度のとり方が難しい。それは、日頃の態度や誠実さでカバーすることになる。

4. 誰にもある負の感情

負の感情とは、恨《うら》む、妬《ねた》む、ひがむ…といった「他人との比較による落差」を起因とする屈折した感情。

それは、誰でも経験することで、自分が幸せでない、または、自分に自信がない場合にも起こる。

この負の感情は、霊長類でもあまりない。人類は、この負の感情との戦いを続けてきたが故に、心の深化も起こった。

そして、生きていることが辛いと感じている人の中には、人を憎むなどの負の感情から抜け出せないことが原因の場合もある。

いずれにしても、自分に自信をもつことが、負の感情から抜け出すための近道だ。

5. 感情を安定させるもの

身体の健康なくして、感情の安定はない。人が行動を起こすとき、身体と感情の働きは、一体のものとして機能する。どんなに優れた能力があっても、身体が不調であれば何もできない。

健康第一で、無理をしないことと、休むときは休む、メリハリのある生き方が必須となる。

2章

基本は自利行動

❶ 利の価値をクリエイトするとは

❷ 生態系の基本は自利行動

❸ 共感から生まれる利他行動

前作で「仕事は与えられるものではなく、君がクリエイトするものだ」と語った。

では、人間がクリエイトすべき本源的な価値とは何か。

考えると、現代社会の混迷も、つまるところ、政治・経済の利害の衝突にある。

それを克服して、平和な世界を実現するために、この章では「利」に関する次の課題に挑戦する。

◆ 利の価値をクリエイトするとは、どういうことか。
◆ 自利行動が、なぜ、生態系の基本か。
◆ 利他行動は、どのように生まれるのか

❶ 利の価値をクリエイトするとは

利であれ、美であれ、善であれ、価値は、認識しただけでは意味がない、現実の生活や社会の中で、それを実現してこそ意味がある。

利の価値とは、次のような身近にあるものだ。これらの経済活動が、広く社会に利の価値をもたらしている。

◆ 電気炊飯器や電気洗濯機などの家電を発明して、主婦の仕事を軽減する。
◆ 自動車や飛行機を発明して、移動時間の短縮を図る。
◆ イノベーティブな料理のレシピをYouTubeで公開。
◆ 誰でもネットショップを開設できるように、登録料や月額利用料が無料のプラットフォームの提供。

（数え上げたらきりがないので、以下省略）。

もし、人間が利を求めて競争をしなかったら、経済の成長、コンピューターやロボットなどのテクノロジーの進化も起こらなかったにちがいない。

そして、利益の追求は、営利企業だけに必要とされるものではなく、すべての活動体で求められている。

なぜなら、家計であれ、公益法人であれ、自治体であれ、支出が収入をオーバーする状況が続けば、その活動を続けることができないからだ。

しかし、節度のない利の追求により、人類は、次のような深刻な問題を引き起こしている。

◆ 自由な経済競争が行なわれている結果として、有利な立場を利用した「利益の独占」という問題や貧困の連鎖による「経済格差」を引き起こしている。
◆ テクノロジーの進化に伴い、金融工学などを駆使したマネー革命が起こり、それにより、人類は、貪欲な巨大マネーのパワーに翻弄《ほんろう》されている。
◆ 人類は欲望をコントロールすることを忘れ、エネルギーやモノの消費水準を向上させた。そのため、地球環境の悪化により、人類の滅亡が危惧されている。

そこで、自利行動と利他行動について、少し掘り下げて考える。

❷ 生態系の基本は自利行動

ともあれ、微生物であれ、植物であれ、動物であれ、人間を含めて、生態系の基本は、自利行動にあると考える。

そして、不思議なことに、その自らのための活動が、そのまま周囲の生き物の命を支えている点にある。

1. 植物の繁殖にみる生態系の仕組み

植物は、子孫を残すために自分の花粉を別の花のめしべに移動させなくてはならない。これが多くの植物で見られる他家受粉といわれるものだ。

そして、自分が移動することができない植物は、様々な方法を工夫して受粉を行っている。

杉などの植物は、風に運んでもらうために信じられないほどの大量の花粉を春に飛ばす。

また、ミツバチに花粉を運んでもらうことを依頼する植物もある。その報酬を支払うために、植物は美味しくて栄養のある蜜をつくる。

そして、ミツバチは、蜜を集めるために朝から晩まで飛び回る。その行動は、すべて自分たちのためである。

多分、ミツバチには、蜜をもらうお礼に「花粉を運んでやりますよ」との自覚はない。

しかし、それが、植物の子孫繁栄を支えるという利他行動につながっている。

2. 赤潮の解消にウイルスが関係

赤潮（プランクトンの大量増殖）とは、その海域の酸素を大量消費することにより、魚が酸素不足で死んでしまう現象をいう。

この赤潮の発生は、生態系のバランスが崩れたことを意味し、水産物に大きな被害を与えることがある。

ところが、最近、自然界には、この赤潮を解消するためのシステムが働いていることが分かった。

そこでは、ウイルスが、生態系の調整役（感染により増殖を抑える）として、重要な役割を果たしていた。

3. 自利行動と利他行動の関係

生き物にとって他者は、互いに依存関係にあると同時に競争相手でもある。これらの自利的な営みを巨視的に捉えると、そこに広がる共存のための巧妙な仕組みに驚かされる。

すべての生き物にとって、自己の生存は、自己の周りの環境が豊かでなければ成り立たない。

そこで、**自利行動**を中心に、利他行動、利己主義行動、自己犠牲行動との関連を整理する。

自利行動の関連図

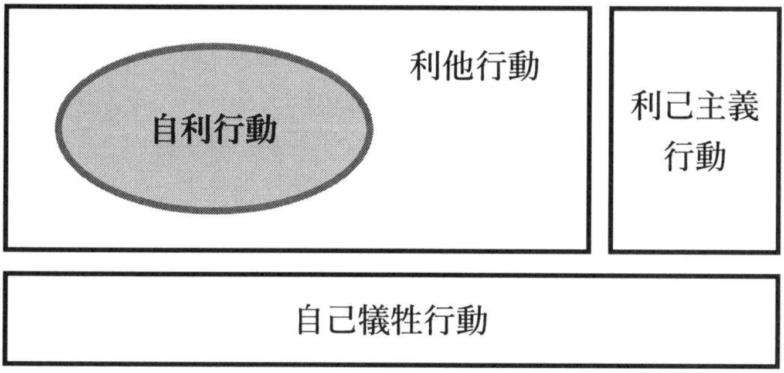

この図は、生態系の基本は、自利行動が中心であることを示している。

自己の利益を優先する利己主義行動は、利他行動と対立するが、他者の利益を配慮する自利行動は、利他行動とつながっている。

そして、自己犠牲行動は、その本質において、利他行動の範囲には含まれないことを意味する。

ここで、もう少し、自利行動を掘り下げることにする。

その１　見返りへの期待…

現実の社会では、人助けや友人へのプレゼントにいたるまで、表面的には利他な行動に見えても、その裏に見返りを期待する様々な思惑があることの方が多い。

しかも、人間の場合は、その見返りの範囲は、すごく広い。それは、社会的な評価や心理的な充足感にも及ぶ。

一方、名声を得るための寄付などに対して、寄付を受ける施設からみれば、それが、真心か否かは関係がない。

その理由は、その寄付金により施設が助かることに変わりはないからだ。

また、寄付する人の中には、施設の子どもの純粋な心に触れることにより、利他に目覚める人もいる。

かつては、奉仕活動といえば「徳を積む」との考え方もあったが、今では、ボランティア活動の動機が、次のように変化している。

◆ ボランティア活動から得られる充実感
◆ 自己実現のための知識・技能・体験の習得
◆ 将来のための人的ネットワークを広げる出会い

今のボランティア活動には、自分を高めるための自利行動が、その根底にあることが読み取れる。

その2　自分の存在感…

どんな人間であろうと、合理主義的な自己利益の追求だけでは、人間としての幸福感は得られない。

もし、このまま、他者との関係が薄れていくと…

やがて、自分の存在感も薄れていき、よりどころを失い、孤立していくことになる。

そこで、豊かな人間性を育むために、自分が心からやりたいと考え、利他を視野に入れた自利行動により、自分の存在感を示すことがより重要となる。

その3　自己犠牲的行動…

例えば、悲惨極まりない自爆テロで、そのテロリストが天国に行けると考える人は少ないはずだ。

そして、外から求められる自己犠牲行動の多くは、どのような美辞麗句で飾ろうと、本人にとって、最悪のシナリオであることに早く気づくべきだ。

そこには、人間に対する優しさの片鱗《へんりん》すらも感じないからだ。

❸ 共感から生まれる利他行動

世の中には、こちらが求めていない親切を押し付けてくる人もいるが、

一方、本当に困っている人を見ても、何もしない人がいる。

いずれにせよ、困っている人に対して、行動を起こさなければ何も変わらない。

そこで、共感や集団共感の力について、少し掘り下げる。

> **重要！**　共感
>
> ここでは、仲間意識をもって、共に喜び、共に苦しむなどの「感情の共有」を意味する。
>
> また、他者との感情の共有なくして、利他は成り立たない。

1. 共感する力の獲得

人間は、どのようにして共感する力を獲得していったのか。

考えると、目や耳などのない原始的な生き物は、生存のために周りの状況を読み取るためのセンサーが必要であった。

そして、地球の生き物は、長い期間をかけて、体を包む皮膚センサーを分化させ、視覚、聴覚、臭覚、味覚、触覚を感じる感覚器官へと進化させていった。

不思議にも、人間の皮膚は、光や色、音やニオイ、味や肌触りなどを感じ取るための五感の働きを保っている。

脳が意識しなくても、皮膚は感じている。そして、この肌感覚は、脳より先に世界を感じ取ることができる。

それは、皮膚が脳から切り離された状態で、脳としての働きをもっているからにほかならない。

その中で、特に重要なのが「肌感覚」すなわち、皮膚のもつ触れる感覚で、それが人とのつながり、共感する力を育んできたと考えられている。

2. 共感のもつ不思議

人間は身体接触により心を学び、成長していく生き物。特に生まれたばかりの赤ちゃんは、視覚・聴覚よりも触覚に大きく反応する。愛情あふれる母親に抱かれているときの赤ちゃんは、心の安定とオキシトシン効果で幸福感に満たされている。なお、この愛情ホルモンともいわれるオキシトシンは、皮膚でも作られている。

では、スキンシップが少ない環境で育つと、子どもに、どのような影響が現れるのか。

その1　愛情が不足すると…

スキンシップが少ない環境で育った子どもは、愛情不足に陥りやすい。

この感情を共有するためのスキンシップは、心身の成長を促し、人間らしさを育てるために欠かせない。

自分の大切さが実感できないと、自らの手で自分の身体を傷つける行為も防げない。

また、自分に対する自信が弱いため、いざというときに力を発揮できないことも多い。

その2　共感する力が弱いと…

スキンシップの多かった子どもは、他者に対して親近感をもって接する。少なかった子どもは、他者に対して攻撃的になりやすい傾向があるといわれている。

それは、人間のコミュニケーションにおいて、視覚や聴覚に比べて、幼児期のスキンシップ（触覚）が、いかに大切であるかを教えている。

共感する力は、肌感覚での触れ合いから生まれる最も基本的な情緒である。

それは、生き物のすべての感覚が、皮膚から生まれたことを考えると、この肌感覚の大切さ、不思議さに驚かざるを得ない。

3. 集団共感の力

ここで、集団共感、すなわち「感情の共有によって、多くの人々が深く、自由につながる社会」を想像してみる。

そして、個人と社会との2つの視点から、集団共感のもつ影響を考える。

その1　個人を高める集団共感の効果とは…

人工知能（AI）は、デープラーニングなどにより、学習経験を重ねるほど、レベルを上げていく。

そして、AIどうしが、互いにネットでつながることにより、それぞれが持っている「すべての学習成果の共有（移転学習）」が簡単にできる。

では、人間の場合、共感によって、何が生まれるのか。

例えば、対話の場面で、相手に好意をもって真剣に聴くと、不思議なくらい、話の内容が理解でき、記憶にも残る。

逆に見下すようなマイナス感情で聞いていると、その場での理解はできても、すぐに忘れ去られ、それが役立つことはない。

どのような対話にせよ、感情の共有ができていなければ、考え方やノウハウを共に学び合うことはできない。

また、この集団共感の力は、個人の人格を高める働きとしても欠かせない。

その2　集団共感のもつ社会変革力とは…

学校や職場などのコミュニティを正しい方向に進ませる責任は、そこに属する一人ひとりにある。特定の人に委ねることは、責任の放棄になる。

また、この集団共感は、目的ではなく手段。この手段を通して「学校生活を楽しむ権利」「いじめなどから守られる権利」などの普遍的な価値が侵されないように、一人ひとりが、常に意識することが重要となる。

いずれにしても、利他行動とは、隣人を助けることだけではない。この集団共感の力によって、社会を安定化させることが、より重要となる。

それは、一人ひとりの勇気ある行動の中にある。

3章

美を求めて

誰もが、便利さを求めると共に、おしゃれを楽しんでいる。美は、建築物から絵画、日常的な道具にいたるまで、あらゆる分野で、その美しさを競っている。

現在、自分の外見に苦しむ若者が増えている。中には「やせたら、自分の世界が変わるのではないか」との幻想に駆られて、ムリなダイエットで身体を壊す人さえもいる。

この章では…
外見と内面の両面から「美とは何か」を探求する。
そして、周囲からの情報に惑わされないために、美のモノサシ、すなわち、自分の美的感覚をもつことの重要性を認識する。

いずれにせよ、最高の美の追究、それは、自分自身をどのような作品に仕上げるかにいきつく。

❶ 美とは

美とは、すべての人がもつ感覚価値であり、それぞれが、強いこだわりをもっている。それ故、美に関しては、自分の価値観を押し付けることは許されない。

1. 外見と内面の美

美人を選ぶための「ミスコン」は、1891年「東京百美人」から始まる。やがて、女子アナウンサーの登竜門としてビジネスにつながっていく。

SNSでの人気投票が加速すると、より広い範囲で選ばれるため、外見上のレベルが一段と向上している。

これと自分を比較することにより、美人な人ほど、自分の顔や容姿に自信がもてなくなっていく現象が起きている。

冷静に考えれば、美しさは、顔や容姿だけではない。世の中が求めているのは、歩き方、話し方、思いやりなど、人間としての美しさにある。

美しさの源泉は、その人の生命《いのち》の輝きにある。自分に自信がもてなければ、どうダイエットしたとしても、満足は得られない。

いずれにしても、外見の美しさは、内面の「心の美しさ」に支えられて、本来の輝きを持続できる。

2. 美が目指すもの

利であれ、美であれ、善であれ、その価値を実現する目的は、すべて幸福になるためである。

いかなる理由があれ、自分を苦しめ、身体を壊すような美の追求は正しくない。

他人の評価を基準としていたのでは、楽しくないだけでなく、自分らしく生きることの妨げになる。

そのために、美を顔や容姿などの外見にこだわることなく、多角的に捉えることが重要になる。

そこで、

◆ 思いやり、勇気、豊かな感性などの自分の内面に、目を向けると…

◆ 歩き方、話し方、仕事のやり方などの振る舞いに、目を向けると…

自分の中に、人間としての真の美しさが、豊富に眠っていることに気づくはずだ。

❷ 美のモノサシ

「自分をきれいにしよう」「部屋もきれにしよう」と思うのは、人間の自然な感情で、一番大切なものだ。

そこで、問題は、美のモノサシにある。

1. 美を感じる主体は君

絵画であれ、音楽であれ、ファッションであれ、美しさを感じる感性は、人により異なる。それが、多様性による豊かさを生み出している。

そのためには、すべての人が、自分の感性を大切にすることが重要となる。

そして、美しさに感動する主体は、君自身であるので、この美的感覚は、自分を磨くことでしか得られない。

2. 自分の美的感覚をもつ

まず、一番大切なことは、美のモノサシ、すなわち、自分の美的感覚を確立することに尽きる。

それにより、次のような効果が得られる。

◆ 自分の美的感覚をもっていれば、他人の評価や流行などに左右されない。

◆ 社会全体から見ると、個人の美的感覚が多様であることにこそ、価値がある。つまり、自分の美的感覚を他者に合わせることは意味がない。

◆ 優れた美的感覚をもつことと、自分が美しくなることは、表裏の関係にある。それ故、自分の美的感性を磨くことが、自分の美しさを高めることに直結する。

3. 美しさへのアプローチ

美しさを評価するアプローチに2つある。

一つは、相対的評価。他者と比較することにより優劣を決めるミスコンのようなやり方。自分の方が優れていれば満足感が得られるが、自分より優れた人が現れれば、自信を失うことになる。

もう一つが、絶対的評価。各人がもつ個性・長所を尊重するアプローチ。世の中には、個性のない人はいないので、この絶対的評価の下では、ムダな人は一人もいないことになる。自分が認められていないと悩んでいる人は、自分の才能に気づいていないだけかもしれない。

いずれにしても、この2つの評価アプローチは、一方に偏ることなく、バランスがとれていることが重要となる。

❸ 最高の美

ここでは、最高の美とは、何かを考える。

そして、利・美・善の関係も整理する。

1. 人間の美

芸術の世界では、絵画であれ、彫刻であれ、人間の美に挑戦している作品は多い。その中で「世界で一番有名な絵画」といわれるのが、レオナルド・ダ・ビンチ作の「モナ・リザ（ルーブル美術館所蔵）」である。

彼は、この作品を依頼人に引き渡さずに、手許において、最後まで手を加えるほど、愛着をもっていた。

描かれているモナ・リザは、決して、若い美しい娘ではない。彼は、静かに微笑む一人の女性の肖像画を描くことにより、その奥に秘められた「人間がもつ永遠の美」を表現しようとしたのではないか。

この優れた外見の美は、神秘的ともいえる内面の美に支えられている。

ところで、人間の美に挑戦している人は、芸術の世界だけではなく、生活や仕事などの領域でも、たくさんいる。

いずれにせよ、誰にとっても、人生が幸せか否かは、自分自身をどのような作品に仕上げるかにかかっている。

2. 利・美・善のバランス

『NHK番組　君の声が聴きたい』その中の調査で「お金が欲しい」「美しくなりたい」「自分を認めてほしい」が上位にランキングされていた。

それを利・美・善と関連させて要約すると、次のようになる。

区分	願うこと	その理由として
利	お金が欲しい	お金があると安心できる。お金は、生活・学業などのすべてにおいて必要なもの。
美	美しくなりたい	自分の顔や容姿に自信がもてない。美しければ、自信をもって生きていけるのに。
善	自分を認めてほしい	重要なことは、自分で決めた感覚がない。親や先生が決めている。

社会が豊かになるだけでなく、個人も幸福になるためには、利・美・善のどれか一つが欠けても達成できない。

いま、子どもが、お金のことを心配しなければならない社会となっている。

今後の政治や教育改革の動向にもよるが…
子どもが貧困に悩む社会に未来はない。

4章

欲望の世界

❶ 欲望とは

❷ 善と悪

❸ 欲望と権力

世界を深く観察すると、この社会を突き動かしているエネルギーは、欲望にある。

それは、この人間社会で起こるあらゆる出来事が、欲望と関係していることから判る。

そして、欲望は、善悪の両面に作用する。

前向きな欲望エネルギーは、経済、文化、科学技術などを発展させてきた。

一方、2022年2月、誰もが予測することすらもできない残虐な軍事進攻が起こった。

そこで、素朴な問い「戦争がいけないことは、誰も知っているにも関わらず、なぜ、戦争犯罪がなくならないのか」その糸口を探す。

この章では、これらの疑問に向き合うために、欲望とは何か、善と悪とは何か、そして欲望と権力について探究する。

❶ 欲望とは

辞書で調べると「欲望とは、生命の奥に潜み『何かをしたい／欲しい』と思う心で、欲求などともいう」と説明されている。

そして、誰もが、その欲求が満たされると喜びを感じ、欲望を求め続ける。

しかし、その欲望には際限がない。「美しくなりたい」「才能を発揮したい」「人を喜ばせたい」など…。

いずれにせよ、欲望の世界を生き抜くためには、この欲望と良好な関係を維持することが不可欠となる。

ここでは、多様な欲望を「生命・生活を維持するための欲望」「人間らしさを支える欲望」「社会的影響の大きい欲望」の3つに大分類して検討する。

1. 生命・生活を維持するための欲望

それは「食欲」と「性欲」、それに「睡眠欲」と「お金への欲求」の4つからなると考える。

これらが、生存のために、いかに大切であるかを確認するために、食欲と睡眠欲について考える。

では、食欲から始める。

モノを食べているのは、口や胃腸だと理解している人がいるかもしれないが、モノを食べている正体は、食欲にある。

そこで、私の体験を語ろう。

原因不明の食欲不振により、2ヵ月の間で体重が20キロも激減した。そのとき、親指サイズのご飯を食べるだけに30分も時間がかかっていた。その理由は、かみ砕かれた流動物が、どんなに頑張っても、のどを通過しないことにあった。

その時「モノを食べているのは、口ではない、食欲だ」との真実を知る。

次に、コミュニケーションを充実させる観点から、睡眠欲と記憶の不思議な関係を理解する。

この地球には昼夜があるため、人間は、昼活動して、夜休息する。

人間は、朝日を浴びると、活性化のためのメッセージ物質が体全体に放出されアクティブモードになる。夜になると睡眠物質が分泌され血圧と体温が低下して眠りにつく。

1953年、眠りには、2つの睡眠パターンがあることが解明される。

それは、ある遺伝子の獲得により、**レム睡眠**という新しい睡眠リズムを進化させていたことが分かった。

さらに、人類が、このレム睡眠の働きにより、その知性を飛躍的に向上させていたことも分かった。

それには、安心して長い睡眠がとれる生活環境に恵まれた影響が大きい。

ノンレム睡眠	レム睡眠 (Rapid Eye Movement)
眼球が動かない。	眼球が動く。
寝返りをする。	脳に活動を集中させるため、身体は動かない。
大脳を休めるため、深いノンレム睡眠から始まり、疲労回復に従い、浅いノンレム睡眠に移行していく。	脳波は覚醒時に近く、浅い眠り。脳は活発に働いている。 夢を見る。
シナプスが修復される。	記憶が整理される。

いずれにせよ、このレム睡眠と、ノンレム睡眠との2つの眠りのパターンを、1夜に4から5回、相互に繰り返すことになる。

では、レム睡眠時には、脳で何が起こっているのか。

- ◆ 脳の活動を活性化するために、体の動きをなくすことにより、体全体が脳活動に専念できるようにしている。
- ◆ 無意識層を含め、記憶の整理などの人生の総決算を行い、翌朝、新たな人生をスタートさせる。
- ◆ 記憶の整理とは、記憶の定着である。そのメカニズムは… まず、すべての記憶対象が、短期記憶として海馬に蓄えられる。睡眠中に不要な記憶は、消去され、大切なものは大脳皮質に転送され、長期記憶として固定化される。

まさに、これらの一連の作業が、睡眠中に行われるので、睡眠不足が「勉強に集中できない」「情緒が安定しない」など、学業や仕事の質を低下させる原因になる。

2. 人間らしさを支える欲望

人間らしさを支えているものも欲望である。それらは、あまりにも多様であるので、ここでは、次の3つを考える。

その1　自分らしく生きたい

人間の生きる望みは、幸福になること。それは、他者と比較して幸福かどうかではなく、自分らしく生きたときに得られる。

そして「自由でいたい／縛られたくない」「自分だけの時間を大切にしたい」「自分らしさを発揮したい」などの欲求も突き詰めると「自分らしく生きたい」に帰着する。

その2　人に認められたい

誰でも、周囲から認められることにより、自分に対する自信が深まる。

そのために、意識して「否定されない空間」をつくることが大切となる。

コミュニケーションの現場では、こちらが否定しなければ、相手も君を否定しない。

そして「期待されたい」「愛されたい」「友だちや仲間をつくりたい」などは、すべて「人に認められたい」との欲求から生まれたものである。

その3　誰かの役に立ちたい

例えば「応援したい」「人を愛したい」「教えてあげたい」などは、誰もが抱く欲望である。

人が、このような利他行動を積み重ねるのは、そこに深い喜びを感じるからにほかならない。

しかし、自分の実力が伴わなければ、空転で終わりかねない。

「誰かの役に立ちたい」との想いが叶うためには、自分を磨き続けることにある。

また「人に迷惑をかけない」「自分の健康は自分で守る」などは、広く実践されている。

3. 社会的影響の大きい欲望

社会的影響力のある欲望として、ここでは、支配欲について考える。

支配欲とは「人の心を自在に動かすことに喜びを感じる欲望」をいう。

この欲望は、誰にでもある普通の感情であるが、それが、どのように形成されていくのかを考える。

その1　依存心から支配欲が起こることがある。

例えば、赤ちゃん。自分では何もできないので、すべてをお母さんに依存している。

始めは、お母さんとのコミュニケーションを深めるために、泣き方や甘え方などを創意・工夫しながら、一生懸命生きている。

やがて、赤ちゃんも、お母さんを独り占めしたくなる。

また、支配欲の強い人の特徴として「自分に自信がないので、相手を過度に束縛する」「周囲が、離れていく不安に怯えている」などがあるが、それは、過度な依存心に原因があるのかもしれない。

その2　人の心を動かす喜びは大きい。

例えば「お母さんを喜ばせたい」「お母さんを独り占めしたい」などは、子どもなら誰でも抱く欲望である。

一方、学業や仕事などでは、メンバーのモチベーションを高めるために、好奇心を触発する力や人の心を動かす力が求められる。

ところで、人間には、なぜ、支配欲が起こるのか。

それは、他者の心を自在に動かすことによって得られる満足感に、無上の喜びを感じる脳の仕組みがあるからにほかならない。

いずれにしても「人を喜ばせたいとの感情」と「自己中心的な支配欲」との綱引きは、永遠に続く。

その3　支配欲は、際限なく暴走する。

現代社会が、これだけ進歩できたのは、人類がもつ欲望パワーによる。

そして、人間の脳は、欲望を叶えても、決して満足しないような仕組みになっている。

従って、人間は、欲望から解放されることはない。欲望と向き合い続けるしかない。

では、支配欲と、どう向き合うのか。

それは、次の点に配慮して、大いなる希望に生きることにある。

◆ 周りの人間を支配したいとの自己中心的な欲望に負けない。
◆ バランスのとれた生活により、特定の欲望に執着しない。
◆ 人生の関心事を「人間らしさを支える欲望」、すなわち、自分らしさを発揮する、誰かの役に立つなどの利他と連動する欲望に生きる。

❷ 善と悪

この地球では、何が善で、何が悪かは、予め決められてはいない。

では、誰が、その善悪を決めているのか。

それは、コミュニティごとに、そこに属する一人ひとりが決めていることになる。

そのため、この広い世界には、自分たちにとって、正義であり、利益であると考えれば、軍事侵攻さえも容認する国民も存在してしまう。

また、いじめに反対する人がいたとしても、学校全体として、いじめを見逃している限り、いじめがなくなることはない。

1. 性善説と性悪説

世の中には、性善だけの人も、性悪だけの人もいない。どんな人間にも、性善と性悪の両面が共に備わっている。

しかも、この2つの本性は、本人の意志で、瞬時に入れ替えることができる。

人間、誰でも悪に染まりやすい弱さがあるので、次の点を意識することが重要となる。

◆ 自分の人格の中にある性善・性悪をコントロールする力を養う。

◆ 悪友に近づかない。

◆ 法律などの社会的な強制力に頼りすぎない。

◆ 人間は保身のために、その本性を性悪に変えることのできる存在であることを自覚する。

2. 自己正当化の罠《わな》

人間は、なぜ自分の行為を正当化するのか。

それをゲーム依存症の例で考える。

中には、欲望との葛藤に競り勝ち、抜け出す人もいるが、理性が欲望に対抗しきれず依存を繰り返す人もいる。

依存症の人ほど、自分が欲望に負けているとは思いたくない。

そこで、あらゆる理屈を考えて正当化していく。そして、本当のことを指摘されると、逆上してしまうことさえある。

このように、自己正当化を繰り返していくと、本当の自分が見失われていくことになる。

では、解決への道は、あるのだろうか。

自己を正当化する人は、少なくとも、自分の側にも問題があることを理解している。

それは、自分の力で、改めることが可能であることを意味する。

いずれにせよ、

まず、自分の可能性を信じること。

そして、執着を捨て、進むべき道を考えることから始める。

❸ 欲望と権力

社会の秩序を維持し、治めていくためには、権力が不可欠である。

一方、その権力によって、国民が苦しめられることも起こる。

長期にわたり絶対的な権力が保持されると…

誰もが、権力の魔性に取り込まれて独裁者になる可能性がある。

そこで、支配欲などの欲望と権力の関係を考える。

1. 権力には、人間性がない

一般的に、権力とは、他者を思いどおりに支配し、服従させる強制力と理解されている。

では、この政治権力の正統性は、どこにあるのか。

かつては、家柄・血筋や英雄的な資質に基づいていた。現代の法治国家の下では、法（憲法・法律）によって与えられている。行政権、立法権、司法権、地方自治権など。

法により設定された権力であるということは、国会議席の絶対的な過半数を制していれば、権力の内容を変えることも可能となる。

ここで、設定権力というものには、人間性がない例を示そう。

それは、チッソ株式会社によって、水俣湾（熊本）に流された廃液に含まれるメチル水銀が、食物連鎖を経て人体に取り込まれ、重篤な人体被害をもたらした事件にある。

2004年10月、チッソと国・熊本県に対して「汚染拡大防止措置をとらずに被害拡大を放置した」との最高裁判決が下された。

この判決は、患者が増えだした1956年頃から、数えて50年間も要している。その理由は何か。

多くの時間を要したのは、チッソ関係者だけでなく、住民や公正であるべき監督官庁までもが、加害者の側に立っていたからである。

苦しむ被害者たちが戦った相手は、権力だけではなく、国民に、命《いのち》の深さを自覚させることにあった。

水俣病の患者の気持ちは、次の一文に秘められている。

『全部許す　国を許す　チッソを許す　差別した人々も許す。許さんば、きつうてたまらん』石牟礼《いしむれ》道子著（苦海浄土）より。

2. 民主主義の国とは

世界では、専制主義の国でも、自国を民主主義国家であるといっている。

では、その国が民主主義であるか否かの基準は何か。

その1　国民の間で、異なる考え・意見の共有がされていること。ムリに一致させない寛容な精神があること。

しかし、国家と異なる意見の存在を認めず、一つに強制させようとする国は、国家主義と考える。

その2　いつでも政権交代ができる環境にあること。

それを可能とするために、強力なライバル政党が存在すること。そのライバルの存在を許さない国は、健全な民主主義の国ではない。

なお、次のような場合も問題となる。

◆ 政権交代可能なライバル政党が存在しないと、政治に緊張感がなくなり、権力の腐敗を引き起こす。
◆ 長期にわたり投票率が低迷すると、主権在民の柱である参政権が正常に機能しなくなる。

3. 国民どうしの対話が権力を監視する

情報だけを頼り、考える時間をもたないと、消化不良を起こし、その不安が情報を集めるという悪循環に陥る。

そして、政権は、様々な形で情報を操作する可能性もあるので、それを見抜く目を、一人ひとりがもつ必要もある。

何よりも重要なことは、異なる意見の人とも、国民どうしが広く対話をすることにある。

国民の間に深い信頼関係が熟成されていれば、独裁政権への移行は防げる。

＊＊＊

国民が砂粒化《すなつぶか》していくことを防ぐために

5章

3つの習慣

❶ 人を大切にする心

❷ 相手を理解する力

❸ 自分を表現する力

『いずれにせよ、人を大切にする心が…
君のコミュニケーションの質を決める』が、
一番伝えたかったことである。

この章では「人を大切にする心」に加え「相手を理解する力」と「自分を表現する力」がコミュニケーションを含む、すべての振る舞いの基礎であることを確認する。

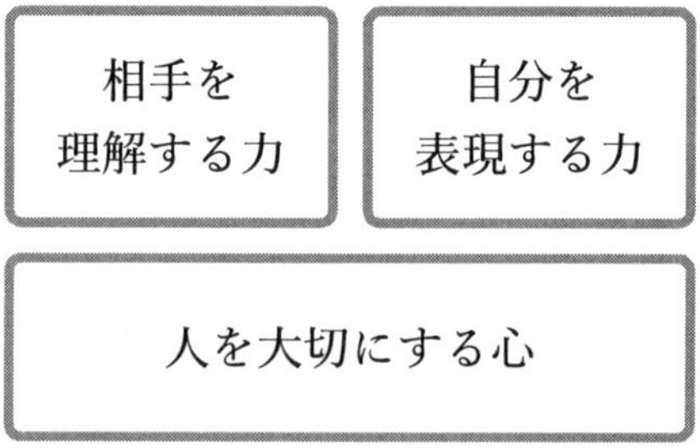

この3つの習慣を磨くことがコミュニケーションの土台となり、君の人生は開かれるはずだ。

❶ 人を大切にする心

人を大切にする心が重要であることは、誰もが知っているが、それが守られていないことが多すぎる。

その原因は何か。

◆ 目先の利己主義の罠《わな》にかかる人が多い。この共生社会では、人を大切にすることが、巡り巡って自分に還ってくることを知らないためか。

◆「自分はえらい」との感覚では、実りの多い「対等な関係」が築けない。地位や財産に固執しているためか。

◆ いじめなどに直面しても、恐れと保身により正義が貫けない。自分の弱い心に勝てないためか。

いずれにせよ、自分に優しくなれたとき、心が穏やかになり、人を大切にする心が生まれる。

❷ 相手を理解する力

コミュニケーションは、相手に関心を示し、かつ、相手の価値観を認めることが重要となる。

そして、この相手を理解する力が、相手を蘇生させることもある。

1. 相手に関心を示す

学ぶ力は、好奇心に比例する。人に対しても、関心をもって、学ぼうとする姿勢で臨《のぞ》むと、相手を理解する力が生まれる。

お互いに理解し合うためには、自分の方から相手を理解することから始まる。すると、相手も理解する。

誰にとっても、自分を理解してもらえないこと以上の辛さはない。

また、相手に、焦り、不安、恐れの感情を抱かせないために「人を理解する温かい心」も重要となる。

そして、相手を理解する力がもつ威力は、相乗効果を起こし、双方に、何倍もの力を発揮させることになる。

いずれにしても、高いパフォーマンスを発揮する人は、みな、相手を理解する力に優れている。

2. 個性や価値観が違うことが重要

どんなコミュニケーションの達人でも、お互いが理解していることを一致させることはできない。

なぜなら、一人ひとりの容姿が異なるように、好みや価値観が同じ人間は、一人もいない。

確かに、物事を理論的に考えることは必要だが、曖昧さや誤解が多少あっても、それを受け入れる余裕が、より重要となる。

考え方の違う人間が存在するからこそ、環境問題であろうが、どのような難題でも、行き詰まりを突破することが可能となる。

さらにいえば、多彩な個性がぶつかり合うからこそ、この世界は、面白いといえる。

いずれにせよ、長続きする友は、個性や価値観の違う人で、共に、個性を磨いている人にほかならない。

❸ 自分を表現する力

自分を表現する力は「自分の言葉で語る」ことから始まる。

そして、相手の理解度、反応を確認しながら、自分の考えを、どう展開するかが重要となる。

1. 自分の言葉で語る

コミュニケーションには、何か理想的な型があるわけではない。

そして、自分を表現する力は、自分の言葉で語る経験を積み重ねることにより磨かれる。

たとえ、話し方教室に通い、どんなに本を読んでも、モノマネである限り上達は望めない。

ありのままの自分から生まれたものが、本物の表現する力で、歳月の積み重ねにより、その輝きを増していく。

2. アサーティブコミュニケーション

世の中には、自己主張が強すぎる人や自分の言いたいことを控えてしまう人がいる。

これに対して、ハッキリ自己主張すると同時に、相手の気持ちや考えを尊重できる人を「アサーティブな人」という。

このように、一歩踏み込んだ論議ができる人は、相手からの信頼だけでなく、自己に対する自信も高くなければできない。

アサーティブコミュニケーションのポイントは、次の通り。

No	区分	内　容
1	誠実	自分も相手もどちらも尊重し、誠実な態度・言葉で向き合う。
2	率直	自分の感情を相手が受け止めやすい言葉で伝える。
3	対等	すべての面で対等に向き合い、前向きで肯定的な表現で伝える。
4	自己責任	私を主語とした「I メッセージ」で伝えることにより、自分が発言した内容に責任をもつ。

3. 相手の反応への気づかい

世の中には、相手の気持ちも考えずに、一方的に話をする人もいる。最後に嫌な思いをさせたことを知っても、取り返しがつかない。

そこで、相手の関心や反応を気づかうことが重要となる。

その場合の注意点は、次の通り。

◆ 目を合わせることにより、お互いの気持ちが通じ合えていることを確認する。

◆ 相手の反応を知る上で非言語情報は重要。それは人により特徴があるので、観察する習慣が大切になる。

◆ コミュニケーションは双方向なので、こちらの理解度が、相手に伝わるように工夫する。

◆ 会話が弾まなくても焦る必要はない。その場合、リラックスして誠実に対応する。

いずれにしても、自分らしく振る舞うことが、魅力的な人間になる近道だ。

II部の了

Ⅲの部

相手との関係を知る

人間関係は、対等であることが基本だが、現実には立場の違いなどにより、相手との力関係に大きく影響する。

ここでは、血のつながった親子、水平的な関係の友だち、職場などの上下の関係などに分けて、その関係ごとのコミュニケーションのあり方を考える。

そして、悪質ないじめには、自分一人ではなく、信頼できるチームの力で乗り切ることの重要性を確認する。

また、法律的なトラブルに巻き込まれないために「君を守るための法律のセンス」についても考える。

（プロローグより転記）

1章

親子の関係

❶ 静かに見守る

❷ 自立と感謝

❸ 認め合う関係

親と子は、身近な存在であるが故に、遠慮というものがないためか、一度、意見が対立すると、激しい口論に発展する可能性も高い。それは、親子・夫婦など距離が近いと、道理より「感情」が優先されるためである。

そして、この親子の問題で苦悩している人は、決して少なくはない。

それは、心の距離が近い親子のコミュニケーションほど、難しいものはないことを教えている。

しかも、ウソや社会的な立場なども一切通用しないので、その解決には、自分の人間性が問われる。

そこで、この章では…次のことを確認する。

◆ 親がなすべきは、子どもの成長を静かに見守ること。
◆ 子は、一日も早く自立することと、感謝の心を深めること。
◆ そして、互いに「認め合う関係」を築くこと。

❶ 静かに見守る

いずれにせよ「子どもは、自分で伸びていくもの」との原則が信じられれば、静かに見守ることができる。

それにより、子育てに悩む親も、過度な期待に苦しむ子どもも、少なくなると考える。

子どもを信じて待つためには、次の点が重要となる。

1. 叱らない

世の中には、子どもを叱らない親がいる。

それは、倫理的な理由からではなく、学びや成長に寄与しないばかりか、何の効果もないからである。

叱る側には、快感が伴うこともあるが、叱られる側は、それを不快に感じるだけでなく、生きる意欲までも奪われかねない。

叱ることよりも、子どもにとって、自分で考える時間や共に学ぶ機会を増やした方が楽しいはずだ。

2. 価値観を押し付けない

世間でいう有名大学や大企業に入ることが、必ずしも幸福に直結するものではない。

そして「自分の将来は、こうなりたい」と考える時間が与えられないまま、親の敷いたレールに乗ることに不安を感じている子どももいる。

親の中には、世間体から進学先まで口を出す人や、子どもを通して自分の夢を実現させようとする人もいる。

しかし、子どもが望む親は…

親の価値観を押し付けない、無責任な放任でもない、子どもと共に考えてくれる人ではないだろうか。

主役ではない親は、細かなアドバイスなどを意識するのではなく、子どもの考えやアイデアに興味をもち、できる限り理解しようと努力するだけで十分である。

子どもは、自分が理解され、認められることで、自信が湧き、進むべき方向が見えてくる。

❷ 自立と感謝

1. 自立することが基本

親子関係がギクシャクしている原因は、考え方、気持ちのズレ、心配しすぎ、経済的問題など、数え上げたらきりがない。

もしも、親子の間に、互いに認め合う余裕ができれば、多様な解決への道も生まれてくる。

そして、人とつながる力をつけることが、コミュニケーションの土台でもあるが、それは「**人間としての自立**」なくして得られない。

重要! 人間としての自立（3つの自立）

1）精神的自立とは、自分の哲学をもち、自分の言動にも責任をもち、自分で意思決定できること。

2）社会的自立とは、社会の中で自分と他者との役割分担を築きながら、社会の一員として生活できること。

3）経済的自立とは、保護者のお金に頼らず、自分で収入を得て生活できるようになること。

また「自立」と聞くと、どうしても、一人で生きていくイメージが強い。

しかし、どんな人間でも一人では生きていけない。助けたり、助けられたりしながら生きている。それを自然に振る舞えることが社会的自立であり「人とつながる力」でもある。

いずれにしても、人とつながる力を磨かなければ、社会で生き抜くことはできない。

2. 感謝を忘れない

どの親も、子どものためにしたことに、何の見返りも求めない。

では、感謝の心を、親にどう伝えるか。

それは、君が一日も早く自立すること、幸福になることにある。

親にとって、これ以上の喜びはない。

その1　無償の愛を知る。

子どもは、お母さんの無償の愛を通して、感謝の心を学ぶことができる。

そして、利己主義的な生き方が、とても恥ずかしいことも学習する。

さらに、愛されることよりも、他者を愛することの方が、素晴らしいことも体験する。

その2　身近にあるものは見えない。

例えば、目に一番近い、まつ毛は見えない。

それと同じように、当然のように毎日、お母さんがしてくれていることに、何も気づいていない人もいる。

もし、君が「いつも、ご飯を作ってくれてありがとう」「いつも、洗濯、掃除ありがとう」との感謝の気持ちで、家族に接したらどうなるだろうか。

❸ 認め合う関係

職務権限規程などにより上下関係がある職場にあっても、コミュニケーションをスムーズに進めるためには、その根底に**対等な人間関係**がなければならない。

そして、失敗を繰り返しながらも、それを練習する場が家庭の役割でもある。

> **重要！** 対等な人間関係
>
> 相手に敬意をもって話ができ、相手も敬意をもって話をしてくれる人間関係をいう。
>
> そして、上司と部下であっても、親子であっても、お互いに敬意をもって接することが重要となる。

親子の間において、この対等な人間関係を阻《はば》む原因を考えてみよう。

その１　意見が違う方が自然。

独善とは異なり、様々な考え方が併存しているのが、民主主義の優れた点だ。

また、家族だから、考え方や意見が一致しなければならないとの発想も正しくない。

そして、世代ギャップを考えれば、親子で、感性や価値観が違うことの方が自然かもしれない。

また、その違いを認め合うことにより、親も子も共に成長していくことができる。

その2　決して否定しない。

この人間社会では、プライドのない人は、一人もいない。そのプライドを傷つけられて、怒らない人もいない。

たとえ、親子の関係でも、相手を否定する発言は許されない。

誰からも否定されないためには、自分の方から「相手を決して否定しない」こと。

また、否定的な発言に対して、感情的に反発してしまうのは、その背景に劣等感がある場合もある。

そこで、短所等を含めて、ありのままの自分を受け入れること、自分を肯定することが重要となる。

あとは、時間をかけて、自分を磨いていくことだ。

その3　目標があれば、素直《すなお》になれる。

人は誰でも、順調なときは、心も軽く、寛容となる。

しかし、想い通りにいかないと、心も重く、身近な家族に辛くあたることもある。

そこで、それぞれが目標をもち、自立した生き方をすれば、つまらないことで揉《も》めることはなくなる。

そして、生き方の根底に学ぶ姿勢があれば、素直になれるので、反発する心も起こらなくなる。

いずれにしても、それぞれの立場の違いを生かし、補い合うことが、親子の強みであることは間違いがない。

2章

友だちとの関係

人生を織物に例えると、親子の絆がたて糸、それを彩る横糸の役割を果たしているのが友だちになる。

そして、すべての人にとって、この2つの糸が、人間関係の基盤を形成している。

この章では…

まず、友だちとは何かを考え、友情のもつ力を生かす方法を探求する。

そして、いじめの根本的な解決は、コミュニティの質の向上にあることを理解する。

❶ 友だちとは

友だちというと、君は、どんなイメージをもっているだろうか。それは、次のように、とても広く、多様なものだ。

その1　「趣味や性格が合う」「いつも、一緒にいる」などを友だちと考える人もいる。

しかし、単に仲がいいだけでは、友だちとはいえない。

その2　「大変なときこそ、一緒に悩んでくれる」「本音で議論を戦わせることができる」「互いに、相手の才能を認め合う良きライバル」などを真の友だちと考える人もいる。

その3　心を癒《いや》してくれる悠然《ゆうぜん》たる山、小川のせせらぎの音、自分の思考を深めてくれる本や見知らぬ人との出会いなども、友だちと考える人もいる。

その4　内面の世界に「もう一人の自分（友だち）」をつくる人もいる。すると、欲望などに負けそうになったとき、自分の中の友だちが助ける働きをする。

次に、友だちのつくりかたと、それを持続する方法を考えよう。

その1　友だちになりたいと思われる人に…

世の中には、仲良くしたいために友だちを追いかける人もいるが、それが叶ったとしても、底の浅い交際しかできない。

従って、自分のためだけでなく、友だちのためにも「友だちになりたいと思われる人」になることが大切となる。

その2　友だちは、変わるもの…

10代、20代は、人間的な成長が著しい時期であるので、いつまでも、友だちを引き付けておこうとする考えにはムリがある。

青春時代は、友だちを失ったり、新しい友だちができたりと、その繰り返しだ。色々なタイプの友だちと交際していく中で、人間は大きく伸びていく。

その3　友だちは、互いに磨き合うもの…

自分には、友だちがいないと嘆く人もいる。

だが、君たちは、全員が成長期にある。

そこで、今いる友だちとの間で、互いに触発し合うことができれば、君たちの可能性が広がるはずだ。

その4　インターネットの利用により…

本来、出会うことが困難な地球の裏側の人々にも、友だちの環を広げることができる。

だが、そこには、リスクが…

しかし、自分の考え、相手を理解できる良識、リスクを管理できる能力などがあれば、未知の相手をも友だちにできる。

❷ 友情のもつ力

人類は、無限に成長するため、あえて「未完」を選んだ、すなわち、未完で生まれ、未完で生き、未完で死んでいく。

この未完を補い合っているのが、友だちであり、友情のもつ力でもある。

その友情のもつ力とは…

その1　心や思考を安定させる働きをする。

人生には浮き沈みがあり、どんな人間でも落ち込むときもある。

その困難なときに、辛抱強く、優しく、励ますことができるのが友情のもつ力だ。

どんな人間も10年に1度ぐらいは、自分の力では乗り越えられない危機に出会う。

そのとき、真の友だちがいるといないかで、人生の明暗が分かれる。

その2　自立とは、依存先を増やすこと。

自立とは、他人の手を借りないで、自分一人の力で生き抜くことではない。

なぜなら、この世の中では、自分一人で完結できる仕事は、何一つないからである。

つまり、助けたり助けられたりの相互依存の関係にある。

そこで、自立とは、その相互依存できる関係（友だち）を増やすことである。信頼できる相互依存のネットワークがある人は、孤立することがないため、自分に自信を持って生きることができる。

その3　自分を正しく認識する鏡を持つ。

自分を正しく認識することの重要性は分かっていても、それを自分だけで実現することは、なかなか難しい。

そこで、ありのままの自分を映し出す鏡としての友だちの存在が重要となる。

君は、友だちとの交流を通して、自分の個性や長所・短所を知ることができる。

この自分を知るためのプロセスなくして、人間としての成長は不可能である。

❸ いじめと人を大切にする心

なぜ、重大ないじめがなくならないのか。

その理由は、誰にでもある自己顕示欲、自分より優れた者への嫉妬など…

それらが、すべて人間の本性から起こるものだからだ。

そこで、重要なのが子どもの人権を守るセーフティーネットの存在だ。

しかし、いじめがなくならないという事実は、このセーフティーネットが機能していないことを意味する。

その対策は、いじめ対策推進室の設置、教育委員会への報告、第三者機関の調査、などの制度を整えることではないはずだ。

そこで、その根本的解決のために、コミュニティの質を高めるための方策を考えることにする。

1. 早期発見が重要

責任問題が意識されるのか、不思議なことに、いじめの重大性に比例するかのように、校長や担任だけでなく、関係する生徒、その保護者までも、いじめの存在を否定する空気に包まれていく。

それでは、真相の究明や改善が遠のくばかりとなる。

早期に発見して適切に対応すれば、子どもを苦しめることなく、スピーディーに解決できる。

2. 校長の才覚で決まる

校長の記者会見を聴いていると、責任逃れの言動が目立ち、子どもの苦しみに向き合っていないように感じる。

いじめにあっている子どもの、その苦しみに共感することができなかったことが、重大事件を防げなかった原因の一つかもしれない。

3. 良きライバルか嫉妬か

この世界は競争社会、すなわち、受験戦争や部活のレギュラーをめぐる争いなど…　人にもよるが、そのプレッシャーは、決して小さくはない。

君は、親友A君に、いつも成績で負けているので、何とか抜きたいと考えたとする。

そこで、意地悪か協調か、その戦略効果を考えてみる。

戦略1　A君に意地悪をする…

A君の勉強のペースを乱すために、様々な意地悪をする。その効果があって、A君の成績は下がったが、君自身の心も乱れて成績が下がることになる。

戦略2　A君と協調する…

A君は、君がつまずいている箇所を丁寧に教えてくれる。その効果もあって、A君は、順位を上げることになる。協調のおかげで、君も学習意欲が高まり順位を上げることになる。

結果は明らかで、友だちとの協調行動には、1プラス1の世界を超え、その相乗効果により、豊かな果実を共有できる素晴らしさにあふれている。

4. 解決は、コミュニティの質の向上

いずれにせよ「豊かなコミュニティは、人間一人ひとりが、お互いに個性を尊重する社会」でなければ実現することができない。

それは、相手の個性を理解し、認め合うことにより、互いの個性を伸ばすことである。

その行動は、自分の個性を深く自覚することから始まる。

どんな人間にも、素晴らしい才能がある反面、苦手な面もある。

一方、コミュニティから見れば、それらの個性が補い合って、豊かな多様性の環が生まれている。

そして、全体の環から見れば、個人的に不得意なものが、どんなにあったとしても何の問題もない。

いずれにせよ、多様性が尊重されるコミュニティをつくるためには、それを支える参加者一人ひとりの主体的な自覚が重要となる。

それが、善悪を含めたコミュニティの質を決めている。

重要！　**善と悪（IIの部4章からの抜粋）**

この地球では、何が善で、何が悪かは、予め決められていない。

では、誰が、その善悪を決めているのか。

それは、コミュニティごとに、そこに属する一人ひとりが決めていることになる。

そのため、この広い世界には、自分たちにとって、正義であり、利益であると考えれば、軍事侵攻さえも容認する国民も存在してしまう。

また、いじめに反対する人がいたとしても、学校全体として、いじめを見逃している限り、いじめがなくなることはない。

3章

フレッシュマン

❶ 組織とどう向き合うか

❷ 嫌われないためのコミュニケーション

これからの時代、一つの企業に一生勤めようと考える人は少ない。

また、新しい働き方として、本業レベルの仕事を複数こなす人も現れる。

そして、すべての世代において、新しい仕事にチャレンジすることが自然な社会になる。

そこで、新入社員に限らず、企業文化の異なる組織や経験のない仕事に、どうなじんでいくかが重要となる。

なぜなら、その入り口でつまずくと、仕事を転々とするようになり、やがて、精根を使い果たし、ひきこもりになりかねない。

そこで、この章では、フレッシュマンのために「組織とどう向き合うか」と「嫌われないためのコミュニケーション」を考える。

ともあれ、この現実社会で前向きに生きていくためには、年齢に関係なく、フレッシュマンとしての意欲を失わないこと。

❶ 組織とどう向き合うか

会社などの組織は、単なる個人の集合体ではない。それは、一つの人格（法律により権利能力の主体となることも認められている）として振る舞うことができる。

その組織が巨大であればあるほど、社会的影響力が大きいだけでなく、その構成員に対する影響も大きい。

1. 人と組織を区別する

会社のトップである社長が業績不振を理由に、突然クビになることがある。それは、株式会社においては、資本の論理が優先されているからだ。

そして、組織の論理と個人の意見が異なる場合には、組織防衛のための組織の論理が「個人の倫理」に優先されることが多い。

なお、この組織の論理は、企業ごとに、そこで積み重ねられてきた企業文化により異なる。

2. 組織の構造を理解する

組織は階層になっている。それぞれの階層によって、権限・役割も異なる。

そして、組織の中での自分の立ち位置を明確に理解して、自分の進むべき方向性を決める。

ところで、仕事は上司の指示から始まる。自分の考えと違う場合もあるが、指示を無視して行動することは、組織人としては許されない。

ただ、盲目的に従う必要はないが、こちらにも謙虚な姿勢がないとうまくいかない。

一度、素直に受け取って、こまめに確認しながら進めれば、仕事の上達も早い。誰が正しいかで論争するのは、絶対にしないこと。

もし、上司に問題があっても、ことを荒立てることなく、信用を積み重ねていく生き方が、組織で生き延びるための最善の道かもしれない。

3. 個人を尊重する企業への転職

組織に属することが苦手という人は、人間関係を築くことが苦手な人が多い。

その場合、組織の締め付けが強くない企業への転職で解決できることもある。

さすがに、組織を全く重視しない企業は存在しないが、次のように、個人の自由を尊重する企業は存在する。

◆ 組織の階層がフラットで、指揮命令系統もシンプルになっている。
◆ 上司との関係も対等性が重視され、部下の意見に耳を傾ける。
◆ 成果が求められるが、仕事の進め方など、本人の自由意思が尊重される。

いずれにしても、組織とどう向き合うかは、永遠のテーマでもあるので、自分にあった働き方を、時間をかけて創意工夫するしかない。

❷ 嫌われないためのコミュニケーション

コミュニケーションでは、好かれることよりも、嫌われないことが優先される。

そして、人を傷つける余計な一言を言わないこと。

最終的には、また会いたいと思われる人になることだと考える。

そのためのコミュニケーション・スキルとして、次の3点を確認する。

1. 大切なのは距離感・親密度

コミュニケーションで求められる「心地良く感じる距離感・親密度」は、人により異なる。あまりなれなれしくされると恐怖感を感じる人もいる。

そこで、相手への距離や話す態度などは、一定の節度を守ることが、コミュニケーション・マナーとして重要となる。

そして、ほどよい距離感は、失敗を繰り返しながら時間をかけてゆっくり築かれていく。

また、嫌な相手との関わりを防ぐには、2人きりで会わないこと。多人数で会うことで、プライベートな関係を持ち込まずに済む。

いずれにしても、周りに合わせることが目的ではないので、自分が、心地良く感じる距離感を、自分の中で明確にしておくこと。

あとは、人を大切にする心さえあれば、どんなタイプの人とも、友好な関係を築けるようになる。

2. 失敗を恐れず、心をオープンに

仕事のできる人だけでなく、心のオープンな人も意外に存在感がある。誰をも引き付けるその魅力は、助けたり、助けられたりの局面で優れた力を発揮する。

一方、小さなミスまで恐れたらチャレンジができない。

そして、挑戦には失敗がつきもの、その失敗をどうリカバリーできるかで、その人の評価が180度変わる。

例えば、多額の損失が予測される失敗に際して、冷静な判断で粘り強く立ち向かった結果、その予想損失を半減できた功績により、大抜擢された人もいる。

また、4人1組が社会の基本単位ともいわれるが、この少人数制の会議が開かれる機会が増えている。

それにより、気兼ねなく、オープンな心で、自由に意見を戦わせることで、新しいアイデアが生まれ、それぞれの考えも整理され、会議が充実していく。

3. 喜ばれる質問をする

人間は、問いを発し、その解決への道を探究することによって成長してきた。

たった一つの本質的な問いが、自分の運命を変えることもある。

好かれる質問のポイントは、次の通り。

その1　相手からの信頼が要であるので、誰に対しても丁寧な質問を心がける。

その2　相手やテーマに興味関心をもつことが重要となる。

また、相手に機敏に反応するためには、入念な事前準備が必要な場合もある。

その3　相手が気持ちよく回答できるように、知りたい情報の絞り込みと質問の仕方を工夫する。

その4　どんな人にでも質問ができるように、あえて、質問しにくい人にトライする。

すると、質問する力が格段に向上し自信も深まる。

4章

プロジェクトリーダー

❶ プロジェクトチームとは

❷ リーダーに求められる心構え

好むと好まざるとに関わらず、ほぼすべての人は、上下関係のある組織に属し、そこでの人間関係で悩むことになる。

そして、大きな組織ほど、人間関係は難しく、組織の目標に共感できない場合には、苦痛を感じるようになる。

一方、性格的に、組織に属することが苦手な人の中には、指示されることが少ないリーダー的な立場になることで解決される場合もある。

やがて、君たちも指示・管理する立場になる。そのとき、指示される立場より、指示を出すリーダー的な立場の方が、いかに大変であるかを理解することになる。

君が部長・課長になるのは、だいぶ先かもしれないが、プロジェクトリーダーになる可能性は、そんなに遠くはない。

いかなる地位・立場にあっても、人を大切にする心が重要であることに変わりはないが…

この章で、リーダーに求められるコミュニケーションの心構えを理解しておくことにする。

❶ プロジェクトチームとは

プロジェクトチームとは、現存の組織形態を残したまま、課題遂行を目的として、臨時的・横断的に編成された組織形態のこと。

1. プロジェクトチームの必要性

テクノロジーや企業の置かれた環境が激変する中、現在ある固定的な組織では、対応できない状況が増えてきている。

そこで、次のような特徴をもったダイナミックな組織が必要になる。

◆ プロジェクトチームは、短中期で解決させる予定の課題に対して、タイムリーに編成できる。
◆ 部門を問わず、専門的な見識・能力のある人材を横断的に集めることができる。
◆ 目的が明確であり、メンバーのモチベーションも高いので、課題への解決力が高いチームになる。
◆ 将来のリーダーを育てる役割を果たす。リーダーシップやマネージメント能力の多くは、仕事の経験から学ぶ。

2. プロジェクトリーダーの役割

プロジェクトリーダーの主な役割は次の通り。

その1　チームをまとめる。

すべてのメンバーが最高のパフォーマンスを発揮できるようにチームを一つにまとめる。

その2　スケジュールを管理する。

期限を明確にし、進捗管理を共有する。そのためには、全体計画の見直しと綿密な意見交換を行うことになる。

その3　物事の本質を把握する。

困難な課題を解決するためには、物事の本質を把握し、それを体系的に整理して、メンバーに伝える能力が求められる。

その4　メンバーの成長を促す。

様々な体験を通して、チームメンバーは成長していくことになる。

一方、企業の未来は、若手メンバーの成長にかかっている。そのため、メンバーを育てることが、このプロジェクトリーダーの主要な任務となる。

❷ リーダーに求められる心構え

一人では何もできない、人が集まっただけでも何も生まれない。集まったメンバーから価値を引き出し、課題を解決していくのがリーダーの役割である。

そのプロセスで一番重要なのが、コミュニケーションの力である。

そこでは、自分の考えや思いを伝え、相手の考えや気持ちを理解するなど、良好な人間関係が前提となっている。

では、リーダーに求められるコミュニケーションの心構えは何か。

1. どんな人も受け入れる

多彩な個性・才能が重視されるプロジェクトチームでは、価値観の違いなど、受け入れがたいことさえも、受け入れる心の広さが求められる。

どんな組織であっても、多様な意見を取り込んでいかないと、組織の成長は止まってしまう。

そして、あらゆるものを優しく包み込んでいくためには、自信と余裕、冷静な行動、感情に振り回されない強さと優しさなどが必要となる。

2. 考える時間を与える

既存業務は、スピードや効率が優先されるため、深く考えるという行為があまり必要とされない。

一方、プロジェクトチームは、課題解決のための「ひらめき」が重視される。

それは、予測困難な状況でも通用する探究的思考や予測・解析能力などが求められている。

そこで、リーダーは、自主性を尊重して、忍耐強く待つことが重要となる。

具体的には…

◆ 考える時間を十分与える。

◆ 主体的に行動させるために、指示は極力少なくする。

3 リーダーの重みを自覚する

例えば、批判的な言動をしていた人物が、リーダーに就くと、それが影をひそめ、まとめ役として行動する場合が多い。

それは、リーダーの重みを自覚することにより、視野が広がり、小さな自分から脱却していくからである。

また「役が人を育てる」というが、その役への自覚が薄い人は、成長の好機を逃していることになる。

4. 程良いバランス感覚をもつ

チームの力は、リーダーの心構え一つで、劇的に変化する。

極端な例だが、次のようなことも起こる。

◆ ビジョンが明確でないと、どんなに優れたメンバーがいても、その力を結集することができない。
◆ 価値観を押し付けると、心が離れていく。
◆ 優柔不断だと、メンバーは、本気で力を出せない。

今のような変化の激しい環境の下では、自信をもって決断できるリーダーが少ないことが原因の背景にある。

そこで、多彩なメンバーを一つにまとめるために、リーダーには、絶妙なバランス感覚が求められる。

その1　変化への対応

一度全員で決定した事項でも、ニュートラルな部分（正当な懐疑）を常に数パーセント残し、変更・撤退の余地を残しておく。

このバランス感覚がないと、変化の激しい時代は、何も決められない。

その2　個性と対立

メンバーの個性をすべてに優先するリーダーの心構えが浸透すれば、個性の違いによる対立点は、すべて前向きな対話となり、インベーションが起こる。

豊かな個性によって生み出された多様性の環は、さらに、メンバーの個性を豊かなものにする。

その3　採用されない案も宝の山

採用されなかった案の中にも、優れたアイデアーなどが埋もれている場合もある。リーダーには、結論を急がず、丁寧にメンバーの考えを吟味する心のゆとりが必要となる。

その4　思考の中心軸をもて

曖昧なものや矛盾したものさえも受け入れることができるためには、揺るぎない思考の中心軸が必要となる。この中心軸がしっかりしていれば、どんなに時代が変化しようとも軸がぶれることはない。

なお、何か理想的な思考の中心軸があるわけではない。それは、日々の労苦から固められていくものと考える。

5章

君を守る法律のセンス

これから、グローバル化や多様化などが進展していくと、それに伴い争いも増加していくことが予想される。

その中で、厄介なものの一つが、法律問題。

そもそも、法律トラブルに巻き込まれないためには、法律的な知識よりも、法律のセンスが必要とされる。

そこで、この章では、法の役割と法律のセンスについて、その基本を理解する。

そして、その関連で、いじめ問題とブラック校則を考える。

❶ 法の役割

2022年6月末、東京証券取引所の株式時価総額は700兆円であった。

これだけの巨大マネーが株式市場で流通するためには、投資家が安心して投資が行なえる環境と取引市場の公正性や透明性を維持するための法整備が不可欠となる。

実際には、この金融商品取引だけにとどまらず、あらゆるビジネスシーンで、関係する法律の整備なくして、経済活動は、円滑に機能することはできない。

一方、私たちの日常生活シーンでも、平和に、安全に、快適に暮らすためには、社会には、一定のルールが必要となる。

このルールを大別すると、憲法、民法、刑法、いじめ防止対策推進法などのように明文化されたものと、明文化されていない、**内なる道徳律**と**コミュニティ律**に分かれる。

そこで、明文化されたルールと明文化されていないルールを含めて、法の役割を考える。

重要！ 内なる道徳律とコミュニティ律

【内なる道徳律】

道徳とは、それにより善悪・正邪を判断し、正しく行動するための規範といわれている。

それは、外から知識として、教えられるものではなく、様々な悩みや共感の体験を通して、自分の内面に熟成されていくもの。自分の行動を内面から律する基準であるので「内なる道徳律」とした。

【コミュニティ律】

どのコミュニティであれ、何が善で何が悪かは、すべてにわたり決められているわけではない。

また、人間には、悪に染まってしまうリスクが常に存在する。

そこで、コミュニティに属する一人ひとりが、主体者としての自覚をもって、コミュニティを正しい方向に維持していくことになる。

1. 3つの役割のバランス

日常生活を快適かつ円滑に営むためには、法律、内なる道徳律、コミュニティ律との3つが、バランス良く働くことにある。

また、すべての争いを法律でカバーすることはできない。現実に、社会を円滑に動かしているものは、明文化されていないルールである。そして、法的な解決は、最後の手段として利用されることになる。

また、どんなに規制を強化したとしても、防げるトラブルには限界があり、重大事件がなくならないことが、そのことを証明している。

残念だが、世の中には、法律にさえ違反していなければ、何をしてもいいと考える人もいる。

いずれにせよ、内なる道徳律とコミュニティ律が、正常に役割を果たしている社会であれば、争いさえも、進歩と共感に変えられる可能性を秘めている。

2. 訴訟では、根本解決できない

訴訟は、紛争を強制的に公権力で解決する仕組み。現実の裁判は、民法のような実体法と手続法たる訴訟法とが一体で働く。そして、裁判制度の下では、正しい方が負けることもある。

結果として、根本的な解決には程遠く、両当事者に不満が残ることが多い。上訴が繰り返されるのは、そのことを物語っている。

法は、人の心を動かすことができない。当事者どうしが、相手の立場を理解した上で、友好的にコミュニケーションをとることが根本的な解決への近道となる。

3. 時間とお金がかかる

裁判であれ、どんな争いであれ、争いを長期間続けることは、双方にとって、経済的な面だけでなく、精神的な負担を伴う。

多少の損を覚悟して、和解するのが最上の場合もある。

大事なことは、日頃から、争いに巻き込まれないようにすることに尽きる。最悪の場合、時間やお金だけでなく、健康を損ない、人生が狂うこともある。

また、法律を悪用して、相手を苦しめる行為は、どんな理由があっても許されない。

4. 学ぶべきは、法律のセンス

法的なトラブルに巻き込まれたとき、動揺することなく、冷静に対応できるために必要なものは何か。

その準備として…

法律の条文や法律用語を学べば良いのか。

それだけでは、問題を解決する力にはならない。

大事なことは、法律のセンスをつけることにある。

それは、特別なことではなく、次のような能力を磨くことにある。

その1　バランス感覚

トラブルを法的に解決するためには、当事者全員の納得が得られることが条件となる。

しかも、利害だけではなく、様々な対立点が存在している。

そこで、異なる利益などを調整できるバランス感覚が、一番重要となる。

その2　ロジカル思考

ロジカル思考とは、どんな複雑な問題であっても、誰もが納得できるように話を展開できる力をいう。

そして、発言の明快度は、本人の理解度に比例するので、日頃から「何を言いたいのか」を明確に発言することが大切となる。

また、このロジカル思考が力を発揮できるのは「相手を思いやる心」が、ブレンドされたときである。

その3　クリエイティブ思考

その解決案が、単に損失をどう分担するかのような非生産的な場合では、関連当事者から解決に向けての理解・協力は得られにくい。

そこで、多角的な視点に立った、前向きなクリエイティブ思考が、双方にとって解決の王道となる。

❷ なぜ、ブラック校則が存在するのか

1. なぜ、ブラック校則なのか

校則は、子どもを縛るためのものではなく、子どもたちが、安心して学べる教育環境を持続させるために存在するものだ。

しかし、これだけ多様性が重視される時代にあっても、細かい禁止事項があまりにも多いことに驚かされる。

しかも、生徒に、このブラック校則を守らせるための指導に生きがいを感じている先生もいる。

では、そのブラック校則の主な特徴は何か。

その1　一般社会と遊離している。

学校以外の社会では、ありえない規則が定められているケースもある。極端な例だが…

◆ うなじが男子の欲情をあおるためとの理由で、清潔感のあるポニーテールが禁止されている。

◆ 髪を染めることを禁止しているにも関わらず、黒髪へのこだわりが強い学校では、生まれつき髪色が明るいだけで黒く染めることが要求されている。

学校は、社会の縮図であり、社会の価値観を学ぶための場所であり、重要な機会でもある。

そこでは、いかなる理由があっても、一般社会とかけ離れたルールを校則に含めることは許されない。

その2　理由が説明できていない。

校則を守らせることが、校則の目的ではない。それが守られるためには、押し付けではなく、誰もが納得できる校則であることが前提になる。

そして、その禁止理由が説明できていないことが、ブラックのブラックたる理由かもしれない。

その主な原因は…

◆ 校則の目的が生徒のためではなく、学校側の都合、すなわち「学校の風紀を守る」「子どもたちを指導するための道具」などにあるためか、その禁止理由の説明に具体性が欠けている。

◆ 学校という閉鎖された社会に安住していると、社会の価値観の変化に対応しにくくなる。

2. 改善されない理由

改善が進まない理由は、ルールを守ることの意義を正しく理解していないことにある。

そこで、校則の必要性と校則が守るべきものとは、何かを考える。

その1　校則の必要性

学校も社会である以上、そこに一定のルールが必要だ。

しかし、学校のような小さなコミュニティであれば、明文化されたルール（校則）で、生徒を縛る必要性は、少ないかもしれない。

厳しい校則が必要と考えること自体、生徒を信頼していないことになる。信頼関係を前提とした、シンプルな校則を目指すべきと考える。

その2　校則が守るべきもの

繰り返すが、校則が守るべきものは、校則ではない。

それは、子どもが安心して学べる教育環境を提供することにある。

そのために本当に必要なものは「内なる道徳律」にほかならない。それを磨くための場所が学校であり、多彩な価値観をもった豊かな人間をつくることこそが、教育の目的ではないだろうか。

❸ いじめは、諸悪の始まり

すべての子どもは、憲法に定められた基本的人権の尊重により「学校生活を楽しむ権利」「いじめなどから守られる権利」が保障されているはずである。

しかし、深刻ないじめ事件が繰り返されるたびに、なぜ、子どもの人権が守られていないのか、と疑問を感じる人は少なくない。

では、誰が、子どもの人権を守るべきか。

それは、国（いじめ防止対策推進法）だけでは不十分で、キーパーソンは、クラスメートであり、担任を含む学校関係者であると考える。

そして、すべての人が、すべての人の人権を尊重する社会にならなければ、いじめをなくすことができない。

また、いじめの存在を認めようとしない学校の閉鎖性がいじめを温存させている要因であると考える人もいる。

そこで、いじめの防止に備えるための対策を考える。

1. いじめの芽

いじめの実態として「いじめられた経験のある人が9割。いじめをした経験のある人も9割」との調査結果があるようだ。

このことから、いじめは人間社会がある限りなくならないことを意味している。

故に、最善の策は、いじめがエスカレートしないうちに、子どもたちが自分たちの力で、いじめの芽を摘み取る力をつけることにある。

そして、このいじめを克服するためのプロセスが、心の痛み、思いやり、嫉妬心の克服などを学ぶための重要な経験になるにちがいない。

しかし、重大ないじめは、見逃すわけにはいかない。そこで、これ以外の防止対策も考える。

2. 大人は信用できない

いじめ防止対策推進法により、担任などが、いじめの相談を受けたとき、一人で抱え込まず「いじめ対策チーム」で対応することになった。

そもそも、子どもは、いじめを担任や親に相談しない。それは、子どもは、大人を信用していないからだ。

その1　担任など…

担任が子どもから信頼されているクラスであれば、深刻ないじめは起こらない。

担任を含めた学校関係者が、子どもから信頼されることが、いじめの未然防止につながる。

また、いじめている子どもの方が深刻な問題を抱えているケースも多いので、悩んでいる子どもに日頃から寄り添うことが重要となる。

いずれにせよ、一番重要なことは、子どもに「学校が楽しくてしょうがない」と言わせることにある。

その2　両親など…

中には、いじめの実態を知った親が、激怒して暴走したらどうなるかを心配する子どももいる。そこで、問題を解決するために、親は、どのようにアプローチすべきかを冷静に考えるゆとりをもつことが求められる。その信用は、日頃の振る舞いにあるのかもしれない。

また、成績などを同級生と比較することで、子どもにプレッシャーをかけると、それがいじめの原因になることもある。

例えば、いつも、成績のことで叱られていると、成績の良い子を妬ましく思い、いじめに発展するケースもある。

3. 自尊心のかべ

例えば、次のような子どもがいたとする。どの親も、自分の子が、いじめにあっているとは、夢にも想像できないはずだ。

◆ 誰にでも優しい
◆ ピアノがとても上手
◆ 成績はトップクラス

そして、その子どもは、いじめられていることを親に知られまいと、必死に耐えていたとする。それが、最悪の事態を招いたケースもあった。

結果として、いじめをエスカレートさせる要因になっているのが、次のような考えである。

◆ いじめられている人にも、何か問題があるとの考え。
◆ いじめられていることが恥だと思う感情。
◆ 親に心配をかけたくないという優しさ。

そこで、いじめを自分が強くなるための試練と考え、悪質ないじめには、自分一人ではなく、信頼できるチームの力で乗り切ることが重要となる。

いじめは、諸悪の始まりである。

全体観に立てば、いじめを学校からなくすことは、子どものためだけではない、豊かな人間社会を築くための礎《いしずえ》をつくることにつながる。

そのためには、いじめが、どれだけ子どもの人間性を蝕《むしば》んでいるかを深く理解する必要がある。

＊＊＊

人間は…
「他者と共に生きる存在」であるが故に、いじめにより孤立していくことは、生きる力までも奪われる。

人間は…
「生きる意味を考える存在」であるが故に、自分の存在を否定され続けることは、生きる意味を失わせる。

人間は…
「感情を大切にする存在」であるが故に、自分のプライドが傷つけられることは、感情の安定を失いかねない。

Ⅲの部　了

Ⅳの部

伝えるための技法

1章　スピーチ

2章　プレゼンテーション

3章　ワールドカフェ

4章　本の創作

伝えるための多彩なコミュニケーション技法の中から、利用価値の高いものを説明する。

- ◆ 好印象を与えるための「自己紹介」。
- ◆ 人間としての深みのある「スピーチ」。
- ◆ 聴衆に伝えたい企画・内容を効果的に説明するための「プレゼンテーション」。
- ◆ カフェで、お茶をしているかのようなリラックスした雰囲気の中、テーマに沿った対話ができる「ワールドカフェ」。
- ◆ まとまったアイデアや価値観を多くの人に伝えようとした場合に必要となる「本の創作」。

この中には、経験できる機会の少ないものもある。

そこで、いざというとき、困らないために、その技法の基本事項を理解しておく。

（プロローグより転記）

1章

スピーチ

❶ あいさつ・スピーチの基本

❷ 深みのあるスピーチ

あいさつ・スピーチとは、式典、宴会、会議などの多くの人が集まる席で話をすることをいう。

学校・職場では、会議やプレゼン、送別会や歓迎会、忘年会や新年会、イベントなど…

個人でも、披露宴、祝賀会、葬儀など、人前であいさつをする機会がある。

この章では、体験する機会の多い「自己紹介」とイメージしやすい「研究発表」について、その基本を理解する。

そして、人間としての深みのあるスピーチとは、何かを考える。

それは、スピーチの善し悪しが、内容だけで決まらないからだ。

❶ あいさつ・スピーチの基本

1. 自己紹介

ここで、大学生の君がアルバイト先で、自己紹介するケースを考える。

自己紹介の基本的な流れは、次のようになる。

No	項　目	例　示
1	あいさつ	みなさん、こんにちは。
2	名前と何を勉強しているか。	山田太郎です。若葉大学で法律を専攻しています。
3	**分離礼**	(次ページで説明)
4	伝えたい内容	エピソードや抱負を語る。
5	締めの言葉	みなさん、これから宜しくお願いします。
6	分離礼	

自己紹介は、次の点を守って、リラックスして行えば、必ずうまくいく。

- ◆ 好印象を与える。第一印象を左右するのが、この自己紹介にある。
- ◆ 自分のありのままを知ってもらう。背伸びすると、あとが苦しくなる。
- ◆ 話す時間（1分）を必ず守る。話が長いと、要領が悪い、協調性がない、との印象をもたれかねない。
- ◆「伝えたい内容の項目」では、自分の経歴や自慢話はしない。自分を印象づけるために、今、自分が興味をもって取り組んでいることをイキイキと語る。

重要！ **分離礼とは**

おじぎの仕方には、分離礼と同時礼がある。

分離礼は、相手に視線を向けて、あいさつの言葉を述べた後におじぎをする。その後、上体を起こして再度相手に目を向けるやり方をいう。

反対に、あいさつの言葉を述べながら、頭を下げるおじぎの仕方を同時礼という。

一般的に、相手の目を見てあいさつができる分離礼が推奨されている。

なお、すれ違いざまの会釈の場合は、同時礼となる。

2. 研究発表

あいさつ・スピーチを分類すると、宴会・披露宴などで語る祝辞型…　卒業式・入学式などで語る形式が決まっている定形型…　立候補演説・研究発表などの発表型がある。

ここでは、すべてのスピーチの土台となる発表型の一つである「研究発表」について考える。

研究発表でも、スピーチの基本的な流れは、自己紹介のケースと変わらない。大きく変わるのが「4　伝えたい内容」で、それが次の「3部構成」となる。

No	区　分	説　明
(1)	**リード**	なぜ、このテーマを選んだのか。一番伝えたいテーマを最初に明らかにする。
(2)	本文	伝えたい内容を聴く人の立場で、具体的に語る。
(3)	まとめ	リードで語ったテーマを、簡潔にまとめて再確認する。

なお、スピーチを完結させるために「以上で、スピーチを終わります」と終わりをしっかり伝える。

重要！ リード

新聞記事は、見出しと本文から構成されているが、本文の最初のパラグラフ（段落）をリードという。

このリードには、記事全体のエッセンスがまとめられていて、これだけで、一応の概要が分かるようになっている。

なぜ、スピーチの構成が、起承転結ではなく、3部構成になっているのか。

それは、起承転結が漢詩のための構成で、研究発表などの論理的な文章の構成には向いていないからである。

この3部構成には、次のようなメリットがある。

その1　最初のリードで、伝えたい内容のエッセンスを語ることにより、聞き手の関心を引き出すことができる。それにより、自分も話しやすくなり、聞き手も理解しやすくなる。

その2 「まとめ」として、再度、テーマを繰り返し強調することにより、スピーチの効果を高めることができる。

❷ 深みのあるスピーチ

スピーチであっても、日常の会話と基本的には変わらない。

しかし、人間としての深みのあるスピーチをするためには、次の点を意識することが重要となる。

1. スピーチこそ、相手中心に語れ

日常会話では、相手中心の会話が重要であることを強調してきた。

スピーチの目的が、相手に伝えることである以上、聞き手の反応を考えながら語ることが重要となる。

そして、聴衆との親近感が得られるようになれば、君もスピーチが楽しくなるだろう。

2. ありのままの自分でいけ

うまく話そうと意識しすぎると不自然になる。そして、自分主導でやらなければならないとの意識がプレッシャーになる。

ありのままの自分で、聴衆と語り合う感覚がスピーチを楽しいものに変える。

いずれにしても、伝えたいとの心がなければ、言葉は生

まれてこない。自分をリラックスさせることが、一番重要となる。

3. 内容より笑顔・態度が重要

笑顔で元気もよく、話し方や態度に好感がもてる場合、聴衆は、スピーチに引き込まれる。

しかし、声も弱く、一本調子な話し方では、真剣に聞いてもらえない。

どれほど内容に、こだわったとしても、スピーチの質には限界がある。

最終的に、スピーチの質を決めるのは、人間としての深みにある。

4. 他人から学べ

スピーチの上達は、体験量に比例する。

この量は、自分がスピーチするケースだけでなく、他人のスピーチを観察するケースも含まれる。

優れたスピーチには、学ぶ点が多いが、そうでない場合からも学ぶ点が多い。

いずれにしても、意識して、他人のスピーチを学ぶ姿勢が上達の近道である。

2章

プレゼンテーション

❶ プレゼンの目的と基本構成

❷ 実施上のポイント

プレゼンテーション（以下　プレゼン）とは、聴衆に伝えたい企画・内容を効果的に説明するための技法。
そして、米国の広告業界から始まった、このプレゼンは、現在、様々なシーンで広く利用されている。

また、スピーチとの違いは、発表者が一人ではなく、数名のチームで編成され、スライドなどの視覚情報が活用される点にある。

そして、自分たちの脳にあるアイデアを聴衆の脳に伝える、この伝える技術は、日常のコミュニケーションでも役に立つ。

この章では…
まず、プレゼンの目的と、その基本構成を理解する。
そして、効果的なプレゼンのための実施上のポイントを考える。

❶ プレゼンの目的と基本構成

1. どう行動を促すか

プレゼンの成否は「相手が行動を起こすか、どうか」にある。すなわち、その提案内容が、どれほど優れたものであっても、それを聴衆に的確に伝えることができなければ、採択されることはない。

一方的に売り込んだり、説得したりする考え方は、通用しない。

そして、最終目的が、相手に契約などの「具体的な行動を決断してもらう」ことにあるので、ただ、にこやかに聞いてもらっていても意味はない。

そこで、聞き手のニーズや関心に沿って、プレゼンを進めていくことが重要となる。

2. ヒアリングの重要性

プレゼンは、**ヒアリング**をしっかり行うことから始まる。具体的には、ヒアリングによって、相手の現状を分析・把握して、抱えている問題点や悩みを洗い出す。

重要！ ヒアリング

ビジネスシーンにおけるヒアリングとは、情報収集や聞き取り調査を意味する。

簡単にいうと、対面での聞き取りにより、相手のニーズや課題など、必要とする情報を得ること。

なお、ヒアリングの時間は、半日の場合もあれば、数日かけられる場合もある。

なお、与えられたヒアリング時間の長短に関わらず、プレゼンに必要とされる情報が得られなければ、何も始まらない。

3. 重要項目と基本構成

ここでは、プレゼンを実施するにあたり、伝えなければならない重要項目を5項目に絞った。

これらの5項目を伝える順序は、相手に合わせて前後する場合も考えられる。

そこで、それを発表の順序を考えて、その**基本構成**を例示すると…

【基本構成の例示】

No	項　目	説　明
1	抱える問題点	単なる問題点の指摘ではなく「一緒に解決していきましょう」との意思が伝わるようなプレゼンをする。
2	問題解決で得られるメリット	メリットを具体的に示す。それに納得できれば、高い報酬を払ってでも採択する可能性が高まる。
3	提案内容	今、抱えている問題を解決できる内容でなければならない。
4	実現するための手段・方法	提案内容を具体的に、かつ、実現するための手段・方法を簡潔に主張する。
5	成功事例	同じような問題を解決した他社の事例を紹介する。

また、相手が、こちらのアイデアだけを欲しい場合もあるので「実現するための手段・方法」などの記載は、状況に合わせて慎重に行う。

❷ 実施上のポイント

1. 聴衆を知る

◆ 対談なども英語圏では、軽い冗談から始まるといわれる。聴衆の心を開くために、ユーモアから始まることもある。

◆ 誰に焦点を合わすかが急所。決定権者が一人の場合には「聴衆は一人」。

◆ 勝手な推測で判断しない。これは知っているだろうと省略したため、意を尽くせない場合もある。

2. 伝えるキーワードを絞る

◆ 伝えたいキーワードは、3つに絞り込め。

◆ 説明は、総花的よりも、短いメッセージの方が伝わりやすい。

3. スライドの活用

◆ スライドより大切なのが、発表チームの振る舞いだ。

◆ 分かりやすい概念図や一枚の写真が、幾千万の言葉に値する。

◆ スライドに頼りすぎるな。スライドを見せ、ただ説明するだけなら、そのコピーを渡せば十分だ。

4. スピーチの巧みさ

◆ 話す速さを知り、ゆっくり語る。話す分量と時間の計算を誤ってはいけない。

◆ 聴衆に「想像して見てください」と呼びかけ、こちらの舞台に引き入れる。

◆ 山と谷のあるリズムをつくる。山では、インパクトのあるメッセージを伝え、谷では、淡々と丁寧な説明を展開する。

3章

ワールドカフェ

どこの自治体でも基本計画の策定にあたり、広く市民の意見を反映させるために、次のことを推進している。

◆ 基本計画（案）に対する市民からのコメントを募集
◆ 市民の生《なま》の意見を聞くためにワークショップを開催

ここで説明するワールドカフェも、ワークショップと同様に、参加者どうしの意見の交換に重点をおいたイベントである。

ただ、ワークショップと違う点は、話し合うメンバーが3回程度、入れ替わることで、あたかも全体で話し合っているような効果を得ることにある。

この章では…
まず、ワールドカフェとは、どんな会議なのかを理解する。
そして、ワールドカフェの進め方の基本事項を学ぶ。

❶ どんな会議か

1. カフェの雰囲気

カフェで、お茶をしているようなリラックスした雰囲気の中、テーマに沿った対話ができるため、様々なアイデアや意見を出しやすい。

その結果、次のような効果が期待できる。

◆ 気持ちに、ゆとりをもって話し合いができる。
◆ 自然と、相手の意見に耳を傾けられる。
◆ 自分の意見も尊重される。

2. 少人数制

◆ 参加者は、4〜5人ずつに分かれ、テーブルごとで対話をする。
◆ 一定時間（20から30分）が過ぎれば、テーブルのメンバーを入れ替え、対話を続行する。
◆ 少人数のため、相手の意見を聞きやすく、自分の意見も言いやすい。

重要!　**ファシリテーターとテーブルホスト**

ワールドカフェでは、進行係として、ファシリテーターとテーブルホストが必要になる。

ファシリテーターは、会議全体の流れや席替えなどを管理する。

席を移動しないテーブルホストは、リラックスした雰囲気をつくり、参加者に意見を促す。新メンバーに、前ラウンドでの意見やアイデアを伝える。

3. 席替えの効果

◆ 席替えによって、自分の意見やアイデアが広く伝わり、他のテーブルでの意見やアイデアがもたらされる。これが繰り返されるため、何十人分もの意見やアイデアを知ることができる。

◆ 少人数での対話にも関わらず、話し合いが終わった後は、参加者全員と話をしたような感覚になる。

4. 3つの道具

No	種　類	説　明
1	テーブル	●テーブルクロスや花でカフェの雰囲気をつくる。 ●ドリンクやスイーツでリラックス。
2	模造紙 ペン メモ用紙	●思いついたことをメモする。 ●テーブルホストは、これを使い、次のメンバーに、今までの話し合いの内容を伝える。
3	トーキング オブジェク ト	●トーキングオブジェクト（棒、石など）と呼ばれるものが各テーブルに一つ置かれる。 ●発言者の交代がスムーズに進むために、発言したい人が、トーキングオブジェクトを持って話を始め、終わったら、元の場所に置く。

❷ ワールドカフェの進め方

ワールドカフェには、やり方などのマニュアルがあるわけではない。

すべて、主催者側の創意工夫が会議の効果を決める。

◆ 話し合いをするテーマは、1つとは限らず、2つでも3つでもよい。
◆ ラウンド数も、4ラウンドと決まっているわけではない。
◆ 時間も、特に決まっているわけではない。場の雰囲気や進行状況を見て、ファシリテーターが変更してもよい。

その基本的な流れは、以下の通り。

第一ラウンド（テーマについて探求）

◆ 4〜5名の少人数のグループに分かれる。
◆ それぞれのテーブルでは、決められたテーマについて、模造紙にメモをしながら話し合いを続ける。
◆ 1ラウンドが終わると、テーブルホストを残し、他のメンバーは、それぞれ別のテーブルに移動する。

第二ラウンド（アイデアのやりとり）

◆ テーブルに残ったテーブルホストのところに、新しいメンバーが、これまで習得したアイデアを持ってやってくる。

◆ それぞれのテーブルホストは、新しいメンバーを迎えて、簡単な自己紹介をした後、これまで話し合われた内容を説明し、同じテーマについて対話を続ける。

第三ラウンド（気づきや発見の統合）

◆ 他のテーブルに散ったメンバーが最初のテーブルに戻る。

◆ 移動先で話し合った内容や得た情報などを土台に、様々な意見やアイデアを出し合う。

全体セッション（主要なアイデアの収穫とその共有）

◆ 全体セッションでは、参加者全員での話し合いの場をつくり、それまでに出てきたアイデアや意見を全員で共有する。

◆ くつろいだ雰囲気の中、参加者は、様々なアイデアや意見に出会うことができる。

4章

本の創作

私は「ここから始まるシリーズ（4部作）」を執筆する機会に恵まれた。

この体験から、本の創作には、コミュニケーションの質を高める優れた効果が秘められていることに気づく。

もし、君が、まとまったアイデアや価値観を多くの人に伝えようとした場合、本を創作する力が求められる。

そして、本の創作を積み重ねることにより、思索が深まり、人間の内面を表現できるようになれば、自分自身を磨くことになる。

❶ なぜ、本を書くのか

本を書く動機は、人により様々であるにちがいない。あえて、分類すると次の3つに要約できる。

その1　収入を得るため…

本が出版できても、売れなければ赤字となる。このリスクを誰が負担するかで、商業出版と自費出版に分かれる。

商業出版では、出版コストを出版社がすべて負担するため、作品の質だけでなく、売れるか否かで判断している。

この出版形態には、作者がリスクを負わないメリットがあるが、作品の質を決める編集権限が出版社にあるため、作者の希望通りの作品にならない場合もある。

いずれにしても、この生存競争の激しい出版業界で、収入を得るために本を書き続けることは、大変なことにちがいない。

その2　自分が生きてきた証《あかし》・記念…

今までの想い出の詰ったエッセイ、俳句、写真などを整理していると、1冊の本にまとめたいとの欲求が生まれる…　それは自然なことかもしれない。

そして、出版社に勧められると、立派な本にしたい、もしかしたら売れるかもしれないなどの期待も膨らむ。

その場合、そのための出版コストを、作者自身がすべて負担する自費出版となる可能性が高い。

なぜなら、出版社は、作家に原稿を依頼するのが原則で、投稿が採用されることは稀であるから。

また、作者自身に、ある程度の編集力やデザイン力があれば、出版社を利用せずインターネット経由で、印刷会社に製本を依頼することもできる。

その3　自分の考えを伝える喜び…

世の中には、書くことが苦手な人は多い。それは、本人の思い込みかもしれない。

ここで、身近な作文を例に考えてみよう。

小学生が作文を嫌いになるのは、表現する楽しさ、伝える喜びを味わう前に、書くためのルールを教えられ、作文の良否を評価されるからである。

本来、自己表現である作文には「正しい」「正しくない」はないはずだ。
君自身が考えていること、伝えたいことを「他者が読みたくなるように書く」のが作文だ。
そして「自分の考えに価値がある」と認められるときに、作文の喜びが爆発する。

私は2020年、初めて本を出版した。そのとき、私の作品が世に出ることを想像できる人は、一人もいなかった。

なぜ、本を創作できたのか。

その始まりは、自治体が実施する「小学生のための学習支援」での体験にあった。
それは…
「なぜ、こんな基本的なことを理解していないのかとの疑問」と「ちょっとしたヒントで理解してくれた感動」を経験したことにある。

そして、教室での支援には、時間的な制約もあり、また、一方的な説明にも限界があることを痛感していた。

そこで、自分で、じっくり考えてもらうためには、本で伝えるしかないと考えた。

子どもたちの将来のことを考えていると、なぜか、自然に「書こう」との意欲が生まれた。

もしかすると、今まで本を書かなかったのは、本の創作の喜びを知らなかっただけかもしれない。

❷ 本の創作がもつ力

本の創作とは、自分の内面と向き合い、思索を深めるための精神活動ともいえる。この地道な積み重ねが、未知の自分を発見する可能性を秘めている。

1. 書くことは、考えること

日常会話の場合、たとえ、脈絡《みゃくらく》のない話であっても、ジェスチャーやその場の雰囲気などで、相手に伝えることができる。

しかし、本の創作には、目の前の人との会話とは、次元が異なり、論理を組み立てる力や**文章の構成力**などが求められる。

重要!　文章の構成力

文章の構成力とは、文章全体の筋道や順番の立て方を意味する。

そして、読み手から見て、読みやすい構成になっていないと、最後まで読んでもらえないことになる。

また、文章全体がバランスよく構成されているかどうかは、目次にも現れる。

この能力を理屈で教えることはできない。それには、書く機会が必要で、考えることの楽しさ、表現することの喜びを味わってもらうしかない。

2. 本は、段落の集まり

分厚いマニュアルでは、すべてのパラグラフに、参照番号（例　0234）が付いている。職場で、マニュアルを利用するときは、必ず、この参照番号が活用される。

そして、すべての本も、この**段落**（パラグラフ）の集まりと考えることもできる。

> **重要!**　段落
>
> ここでの段落とは「字下げ」のことではなく「ある話題を伝えるために構成された複数の文のかたまり」を指す。
>
> 各段落で扱う話題は、一つにするのがルールとなるので、同じ段落内に違う話題の内容を混ぜてはいけない。
>
> そして、すべての文章は、章、節、項などの「見出し部」と、話題の内容を表現した「段落部」から構成されていると考える。

一方、文章は書かなければ、上達しない。

そこで、次の点を意識して、伝えたいテーマやキーワードを選び、200文字程度の短い文章を書く。

◆ 伝えたいことをどう表現するか。

◆ 読みやすいように、文章全体をどう構成するか。

◆ 的確に伝えるために、ロジックをどう組み立てるのか。

いずれ、文章を書くことに慣れてくると、どこを直したら良いかも自然に分かってくる。

3. テーマから生み出される段落部

エッセイ集や俳句集などとは違い、一つのテーマについて、大きな作品を創作するとなると、そこでは、体系的に組み立てるための技術が求められる。

そして、その技術がなければ、作品のための資料と時間がどんなにあっても、本として組み立てることはできない。

そこで、この第4作「ここから始まるコミュニケーションの世界」で、実際に使用した方法を紹介する。

この方法は、本の創作だけでなく、すべての業務への応用が可能と考える。

君たちの中には、見事な枝ぶりの大木に出会い、感動した経験のある人もいるかもしれない。

ここでは、そのバランスの美しさを再現したかのような作品に組み立てる方法を考える。

それは、次の4つのStepからなる。

【Step 1　根】

◆ 自分が本当に伝えたい内容をテーマに選ぶ。

◆ 時間をかけて、テーマを掘り下げる。

◆ 考えた内容は、文章にまとめる。この「テーマの要約」として書いた文章が、すべての発想の原点（根）として機能することになる。

【Step 2　幹】

◆ テーマを伝えるための柱となる「章」を立てる。

◆ 章を並べる順序や章と章との関連性などを考えて、グループ分けを行い「部」を立てる。

◆ ここで作成した展開図を何回も見直して「目次」としてまとめる。

【Step 3　枝】

- ◆ その章が伝えるべき内容をサポートするための「項」を過不足なく見つけ出す。
- ◆ 項を並べる順序や項と項との関連性などを考えて、グループ分けを行い「節」を立てる。
- ◆ この「章―節―項」の関連性を見直し、必要とする項を確定させる。
- ◆ 項は「見出し名」だけではなく、コメントを付加しておくと良い。すると、項の内容がイメージしやすく、創作活動が格段に向上する。

【Step 4　葉・花】

- ◆ 項ごとに、具体的な内容を記述する。この内容のかたまりが「段落部」。一つの項は、通常、複数の段落から構成されるが、一つの場合もある。
- ◆ 段落を、根、幹、枝、葉・花を意識して書くと、テーマに沿ったイキイキとした文章が生まれる。
- ◆ 体系的に創作された作品は、見直しを繰り返すことにより、表現内容が進化し続けていく。

いずれにしても、優れた作品は、根も、幹も、枝も、葉・花も、そのどれもがしっかり役割を果たし、見事に調和しているにちがいない。

❸ ニュースタイル書店

デジタル化の進展により、業界3者（出版社・取次・書店）の役割が大きく変わろうとしている。

一方、読者には、自分にとって優れた作品とその作品に出会える場所の2つが重要となる。

そこで、欲しい人に、欲しいときに、欲しいコンテンツを届けるという役割が、どのように進化していくのかを考える。

例えば、本が電子化された環境では、次のようなシンプルな仕組みになる。

以下、この仕組みを理解しやすいように、ネット環境を活用したニュースタイル書店に限定して話を展開する。

1. ニュースタイル書店の役割

ニュースタイル書店の役割は、作者と読者を結び付けることであり、人々が求める多彩な作品を出版することにある。その主な役割は次の通り。

その1　個性を競う書店

世の中に存在する本の点数は膨大であり、日々多くの本が出版され続けている。

そのため、読者が求めている本を選ぶためのサポートが必要とされる。

そこでは、数えきれないほどの多くの書店が、その得意とする分野で「読者が読みたくなるような本」を求めて、個性を競い合っている。いたるところに点在するニュースタイル書店は、ネットワークで連携している。

そして、書店ごとに本の評価基準が異なることが、出版文化にとって、一番重要な多様性を支えることになる。

その2　選ぶためのツールと情報の提供

ニュースタイル書店のホームページにアクセスすれば、欲しい本を検索するためのツールと、その分野に関する本の最新情報が得られる仕組みになっている。

その3　読書会などを通じて地域に発信

読書会や作者との対話の場を提供することにより、本のもつ魅力と個人のもつアイデアなどを引き出す。

それにより、信頼の環が広がり、地域の文化水準の向上にも貢献する。

なお、読書会の開催場所は、仮想空間でも、リアルなカフェでも、どちらも可能である。

その4　新しい作品を生み出す

会員は、創作して欲しい本のリクエストができる。優れた作品は、作者の想像からだけでは生まれてこない。そのキッカケ、動機となるものが、人との交流にある。

そこで、作者がニュースタイル書店で、多様な読者と出会えることが重要となる。

書店の方も「どんな本を求めているのか」を常にリサーチしているので、作者と書店のコラボが生まれやすい。

2. 読者サイドの変化

ここで、本のデジタル化が読者に、どのようなメリットを与えるかを考える。

その1　本の値段が下がる

例えば定価1,500円で、初刷り2,000部を出版した場合、出版コストが、300万円かかったとする。

電子本であれば、印刷代や物流コストがかからないので、本に携わる人の費用を合理化できれば、値段を大幅に下げることが可能となる。

その2　ディスプレイの進化

「じっくり読むとなると紙の本が良い」と言う人は多い。人間の目は、数千年の長きにわたり、紙になじんできたので当然かもしれない。

しかし、紙の本を読んでいるかのような、目に優しいディスプレイが開発されるのも時間の問題かもしれない。

その3　保管スペース

紙の本は、重たいだけでなく、かさばるので保管で苦労する。その点、電子本は、スペースが必要ないことと、どこからでも自由に読むことができる。

その4　印刷製本は、オプション

もし、必要があれば、オリジナルの電子本から印刷製本が、いつでも簡単にできるようになる。今や、印刷機にセットする「刷版」も、コンピューターからCTP（Computer To Plate）を通してダイレクトに作成している。

絵本や図鑑のためには、精密な版が必要であるが、文字だけの本であれば、簡易な印刷機で、低コストの印刷製本も可能となる。

3.　創作スタイルの変化

これからは、売れる本が優先される出版スタイルに変化が生まれる。それは、次のことが起きているからだ。

◆ 本の企画を作者、書店、読者の3者が担うようになれば、出版コストの低下により、コスト面で出版できる本の範囲が広がる。
◆ 作者を評価してくれるニュースタイル書店の登場により、多様な読者が求めている本の出版がより促進される。
◆ DTP（Desk Top Publishing）の普及により、パソコンでの原稿作成が進化し、技術面でも本を出版することが容易となる。
◆ 本の校正は、AIが担うようになる。
◆ 本の内容にもよるが、専門家のレビューが必要であれば、そのテーマに関心のある読者などが担う時代がくるかもしれない。

Ⅳの部　了

あとがき

この「ここから始まるシリーズ」は、第4作「ここから始まるコミュニケーションの世界」で完結する。

それは「学習支援活動」での小学生との触れ合いから始まった。

その原点は「なぜ、こんな基本的なことを理解していないのかとの疑問」と「ちょっとしたヒントで理解してくれた感動」を体験したことにある。

もし、君たちが、社会人となったとき、社会の基本的な仕組みを理解していなかったならば、仕事のことやコミュニケーションのことなどで悩むにちがいない。

状況によっては、社会的に孤立してしまい、ひきこもりになる可能性もある。

そこで、現実社会で生きていく上で、一番重要なコミュニケーション、算数のセンス、マネーや仕事への基本的な理解に関する本を創作することにした。

また、喜んで協力してくれた人々の存在なくして、このシリーズを完成させることはできなかった。

ここに、深く感謝する。

▶著者紹介

楠山 正典　（くすやま まさのり）
1951年生まれ。

　公認会計士としての豊富な実務経験を活かし、現在、様々な支援活動を体験しながら、子どもが感動する実用書の執筆活動に専念している。

　そのエッセンスは、物事をより深く理解することにより、自分に自信をもって生きていける力をつけることにある。

（略 歴）

1976年　公認会計士試験に合格し、監査法人トーマツに入所。
1984年　特種情報処理技術者試験（通産省）に合格、この黎明期に都市銀行などのシステム監査を推進する。
1992年　パートナーに就任し、多くの上場会社などの監査責任者を担当する（2012年退職）。
2001年から3年間　日本公認会計士協会（東京会）コンピュータ委員会の委員長などを歴任する。
2009年から2年間　日本公認会計士協会（自主規制・業務本部）の主査レビューアーとして、監査法人などの監査業務を指導する。
2020年　日本公認会計士協会を退会する。

（著 書）

「ここから始まる算数の世界」2020年
「ここから始まるマネーの世界」2021年
「ここから始まる仕事の世界」2022年
「ここから始まるコミュニケーションの世界」2023年

ここから始まるコミュニケーションの世界
2023年2月13日　第1刷発行

著　者——楠山正典
発　行——日本橋出版
〒103-0023　東京都中央区日本橋本町 2-3-15
https://nihonbashi-pub.co.jp/
電話／03-6273-2638
発　売——星雲社（共同出版社・流通責任出版社）
〒112-0005　東京都文京区水道 1-3-30
電話／03-3868-3275

ISBN 978-4-434-31548-0